निगोशिएशन

ब्रायन ट्रेसी सक्सेस सीरीज़ के अंतर्गत मंजुल द्वारा प्रकाशित अन्य पुस्तकें :

1. लीडरशिप
2. मैनेजमेंट
3. टाइम मैनेजमेंट
4. पर्सनल सक्सेस
5. सेल्स सक्सेस
6. मीटिंग्स दैट गेट रिज़ल्ट्ज़
7. मार्केटिंग
8. मोटिवेशन
9. बिज़नेस स्ट्रैटेजी

निगोशिएशन

ब्रायन ट्रेसी

अनुवाद : डॉ. सुधीर दीक्षित

MANJUL

मंजुल पब्लिशिंग हाउस

MANJUL

मंजुल पब्लिशिंग हाउस

कॉरपोरेट एवं संपादकीय कार्यालय

• द्वितीय तल, उषा प्रीत कॉम्प्लेक्स, 42 मालवीय नगर, भोपाल-462003

विक्रय एवं विपणन कार्यालय

• सी-16, सेक्टर 3, नोएडा, उत्तर प्रदेश - 201301, इंडिया

वेबसाइट : www.manjulindia.com

वितरण केन्द्र

अहमदाबाद, बेंगलुरू, कोच्चि, कोलकाता, चेन्नई,
हैदराबाद, मुम्बई, नई दिल्ली, पुणे

ब्रायन ट्रेसी द्वारा लिखित मूल अंग्रेजी पुस्तक
निगोशिएशन का हिन्दी अनुवाद

Negotiation by Brian Tracy – Hindi Edition

निगोशिएशन

मूल रूप से अमेरिकन मैनेजमेंट असोसिएशन इंटरनैशनल,
न्यू यॉर्क के प्रभाग ऐमेकॉम द्‌वारा प्रकाशित

यह हिन्दी संस्करण 2019 में पहली बार प्रकाशित
7वीं आवृत्ति 2026

ISBN 978-93-89143-75-1

हिन्दी अनुवाद : डॉ. सुधीर दीक्षित

मुद्रण व जिल्दसाज़ी : मणिपाल टेक्नोलॉजीज़ लिमिटेड, मणिपाल

अनुक्रमणिका

प्रस्तावना

व्यवसाय और जीवन में आपकी सफलता इस बात से तय होगी कि आप हर स्थिति में अपने सर्वश्रेष्ठ हितों के लिए सौदेबाज़ी करने में कितने कुशल हैं। सौदेबाज़ी एक अहम योग्यता है, जो आपके किए हर काम और कही गई हर बात को प्रभावित करती है। यह आपकी लगभग सभी चर्चाओं तथा व्यवहार को प्रभावित करती है, निजी भी और व्यावसायिक भी। यदि आप अपने सर्वश्रेष्ठ हित के लिए अच्छी तरह सौदेबाज़ी नहीं कर सकते, तो आप स्वतः ही उन लोगों के शिकार बन जाते हैं, जो सौदेबाज़ी में आपसे ज़्यादा निपुण हैं। दूसरी तरफ़, यदि आप सौदेबाज़ी में माहिर हैं, तो आपको हमेशा बेहतर आमदनी या बेहतर सौदा मिलेगा।

जीवन को जन्म से लेकर मृत्यु तक सौदेबाज़ी के एक लंबे सत्र की तरह देखा जा सकता है। सौदेबाज़ी कभी ख़त्म नहीं होती। यह जीने और दूसरों के साथ संवाद करने का एक अहम हिस्सा है। इसी तरीक़े से अलग-अलग जीवन मूल्यों और रुचियों वाले लोग मिलकर जीने तथा काम करने के सृजनात्मक तरीक़े खोजते हैं। सफल सौदेबाज़ी करने की योग्यता दूसरों के साथ आपके समूचे व्यवहार में आपकी सफलता के लिए अनिवार्य है।

सौदेबाज़ी सभ्यता की शुरुआत से ही चली आ रही है, क्योंकि इंसान हमेशा से जीवन में अपनी तुलनात्मक स्थिति को बेहतर बनाने में

रुचि रखता आ रहा है। हर व्यक्ति अच्छी चीज़ों को ज़्यादा हासिल करना चाहता है - ख़ुशी, दौलत, प्रेम, हैसियत, पद, सुरक्षा, ओहदा, प्रतिष्ठा और सफलता। यही नहीं, लोग अपने लक्ष्य जल्दी से जल्दी और आसान तरीक़ों से हासिल करना चाहते हैं, जिसमें कम से कम समय और धन लगे। एक तरह से देखा जाए, तो हममें से हर व्यक्ति कई दूसरे लोगों के साथ प्रतिस्पर्धा में है, जो वही लक्ष्य और परिणाम हासिल करना चाहते हैं, जिन्हें हम चाहते हैं।

समझौता करके, आदान-प्रदान करके और सौदेबाज़ी करके हम विपरीत तथा प्रतिस्पर्धी इच्छाओं व आवश्यकताओं को इस तरह संतुलित करते हैं, ताकि हमें अपने लिए सर्वश्रेष्ठ संभव परिणाम मिल जाएँ।

मूल्य व्यक्तिपरक होता है

किसी चीज़ की क़ीमत या मूल्य हमेशा उस चीज़ की माँग या इच्छा के स्तर से तय होता है। यह सिर्फ़ इसी से तय होता है। मूल्य इस बात से तय होता है कि कोई ख़ास व्यक्ति किसी ख़ास समय और ख़ास परिस्थितियों में किसी चीज़ को कितना मूल्यवान मानता है।

चूँकि इस तरह के मूल्य का आकलन हमेशा *व्यक्तिपरक*, यानी व्यक्ति पर निर्भर होता है, इसलिए कोई सही और अंतिम क़ीमत या शर्तें नहीं होतीं, जो पहले से तय की जा सकें। लोग जो क़ीमत देना या लेना चाहते हैं, वह हमेशा शामिल व्यक्तियों और सौदे के वक़्त उनकी तुलनात्मक आवश्यकताओं पर निर्भर करती है। व्यक्तिपरक आकलन की वजह से ही वस्तुओं, सेवाओं, धन और दूसरी चीज़ों के आदान-प्रदान की इच्छा उत्पन्न होती है। हर स्वैच्छिक व्यापार या सौदे में संलग्न पक्ष भाव और शर्तों पर तभी हाँ करेंगे, जब उन्हें यह विश्वास होगा कि सौदे के बाद उनकी स्थिति *उससे बेहतर* होगी, जितनी उस सौदे या आदान-प्रदान के बिना होती। जैसा कहा जाता है, "राय की भिन्नता की वजह से ही घुड़दौड़ होती है।"

व्यावहारिक रणनीतियाँ और तरीक़े

इतने बरसों में मैं रहवासी, वाणिज्यिक और औद्योगिक रियल एस्टेट के क्षेत्र में करोड़ों डॉलर के अनुबंधों पर सौदेबाज़ी कर चुका हूँ, जिनमें शॉपिंग सेंटर, ऑफ़िस की इमारतें और भूमि विकास शामिल है। मैं 25 मिलियन डॉलर से ज़्यादा की कारों के आयात और वितरण की सौदेबाज़ी कर चुका हूँ। प्रिंटिंग, परामर्श, प्रशिक्षण, विज्ञापन, सम्मेलनों और बैठकों की सौदेबाज़ी के अलावा मैं हज़ारों चीज़ों की करोड़ों डॉलर की बिक्री की सौदेबाज़ी भी कर चुका हूँ।

इसलिए इस पुस्तक में जो विचार बताए गए हैं, वे अच्छे-बुरे दोनों तरह के व्यापक अनुभव पर आधारित हैं, जिनके साथ सौदेबाज़ी की कला और विज्ञान के वर्षों के अध्ययन का सार जुड़ा है। आप सौदेबाज़ी के क्षेत्र में अब तक खोजी गई सबसे महत्त्वपूर्ण रणनीतियों और युक्तियों के बारे में पढ़ने जा रहे हैं।

इनमें से हर विचार व्यावहारिक है, आज़माया हुआ है और उस पर तुरंत काम किया जा सकता है। वे कारगर हैं और उनकी मदद से आप लगभग हर स्थिति में बेहतर सौदा पाने में सक्षम बन सकते हैं। मैंने ये योग्यताएँ पूरे संसार के लाखों व्यवसायियों को सिखाई हैं और उन्होंने सौदेबाज़ी में इतने सकारात्मक परिणाम हासिल किए कि उनका जीवन ही बदल गया। यहाँ आप जो सीखने वाले हैं, अगर आप उसके एक छोटे हिस्से को भी सुनियोजित तरीक़े से लागू कर दें, तो आपको अपने परिणामों की गुणवत्ता और संख्या में भारी सुधार दिखेगा।

सौदेबाज़ी सीखी जा सकती है

छोटे बच्चे भी सौदेबाज़ी करते हैं। वे जानते हैं कि थोड़ा गले लगना और लाड़ करना वह मुद्रा है, जिससे वे अपने माता-पिता और रिश्तेदारों से सौदेबाज़ी करते हैं। सौदेबाज़ी करना (या ना करना), समझौता करना (या

ना करना) और विपरीत हितों को सुलझाने की दिशा में काम करना आदि गतिविधियाँ मानव जीवन का अनिवार्य हिस्सा हैं। अच्छी तरह सौदेबाज़ी करने की योग्यता आपके वित्तीय जीवन, आपके करियर, आपके संबंधों और लगभग हर उस चीज में असाधारण फ़र्क़ डाल सकती है, जो आप दैनिक जीवन में लेते या देते हैं।

सौभाग्य से सौदेबाज़ी एक योग्यता है और सारी योग्यताएँ सीखी जा सकती हैं। आज जो भी इंसान सौदेबाज़ी में उत्कृष्ट है, कभी वह नौसिखिया सौदेबाज़ रहा है, जिसे आज की तुलना में बहुत बुरे सौदे मिले। आप सौदेबाज़ी के बारे में जितना ज़्यादा सीखते हैं, सोचते हैं और अभ्यास करते हैं, आप उतने ही बेहतर सौदेबाज़ बनेंगे। जब आप बेहतर और बेहतर परिणाम हासिल करते हैं, तो आप ज़्यादा ख़ुश, ज़्यादा आत्मविश्वासी और अपने जीवन के ज़्यादा नियंत्रण में महसूस करेंगे।

हमारे सीखने के सबसे शक्तिशाली तरीक़ों में से एक यह है कि हम जो कर रहे हैं, उसकी तुलना हम इससे करते हैं कि हम क्या कर *सकते* थे। किसी महत्त्वपूर्ण क्षेत्र के बारे में सोचें, जहाँ आप आज अपने व्यक्तिगत या व्यावसायिक जीवन में सौदेबाज़ी कर रहे हैं। यह पुस्तक पढ़ते समय सोचें कि आप इन तकनीकों का अभ्यास करके वर्तमान से बेहतर परिणाम कैसे हासिल कर सकते हैं। जब आप इन विचारों पर अमल करते हैं, तो आप यह देखकर हैरान रह जाएँगे कि सौदेबाज़ी से आपको कितना ज़्यादा फ़ायदा होता है और इसके फलस्वरूप आप कितने ज़्यादा ख़ुश रहते हैं।

1

हर चीज़ में सौदेबाज़ी की जा सकती है

आज से ही यह नज़रिया अपना लें कि "हर चीज़ में सौदेबाज़ी की जा सकती है।" आज से जीवन और व्यवसाय के प्रति आपकी यही नीति होनी चाहिए। निष्क्रियता सफलता और ख़ुशी की सबसे बड़ी बाधाओं में से एक है। निष्क्रिय लोग यथास्थिति को जस का तस स्वीकार करते हैं। वे आमतौर पर स्थिति को बदलने में ख़ुद को असहाय मानते हैं। दूसरी ओर, अति सक्रिय लोग हर तरफ़ अवसरों और संभावनाओं को देखते हैं। वे हमेशा स्थिति को बदलकर लाभकारी बनाने के तरीक़ों की तलाश करते रहते हैं। यह आपकी भी रणनीति होनी चाहिए।

सौदेबाज़ की तरह सोचें

बहुत कम चीज़ों का निश्चित भाव या शर्तें होती हैं, भले ही वे लिखी या छपी हों। आपको यह याद रखना चाहिए कि भाव और शर्तें चाहे जितनी दृढ़ या अटल दिखती हों, हर चीज़ में सौदेबाज़ी की जा सकती है। आपका काम तो बस यह पता लगाना है कि इस वक़्त आपके सामने

जो सौदा पेश किया जा रहा है, उससे बेहतर सौदा आपको कहाँ और कैसे मिल सकता है।

जब लोगों ने प्राचीन सुमेरिया में 6,000 साल पहले ख़रीद-फरोख़्त और वस्तु-विनिमय शुरू किया, तो आमतौर पर यह माना जाता था कि हर वस्तु और हर भाव पर सौदेबाज़ी हो सकती है। तीसरे विश्व के बाज़ारों में और लोकप्रिय कबाड़ी बाज़ार तथा गैराज सेल्स में भी हर भाव - चाहे यह ख़रीदने का हो या बेचने का - सिर्फ़ एक शुरुआती बिंदु है, जहाँ अच्छा सौदेबाज़ सर्वश्रेष्ठ संभव भाव पाने की प्रक्रिया शुरू करता है।

लेकिन आधुनिक संसार में बाक़ी जगहों पर सौदेबाज़ी को प्रोत्साहित नहीं किया जाता है। कई लोग, ख़ासतौर पर वाणिज्यिक बाज़ार में प्रॉडक्ट या सेवा बेचने वाले लोग मानते हैं कि इससे हर सूरत में बचना चाहिए। इसलिए वे प्राइस लिस्ट छाप देते हैं या प्रॉडक्ट पर भाव का टैग लगा देते हैं और फिर यह भाव आपको इस तरह दिखाते हैं, मानो यह पत्थर की लकीर हो, लेकिन लिखा हुआ भाव बेमानी होता है। इसका कोई मतलब नहीं होता है। यह कोई अटल तथ्य नहीं है। यह तो उस भाव का सर्वश्रेष्ठ *अनुमान* है, जो किसी ने कहीं पर लगाया है कि ख़रीदार उस प्रॉडक्ट के बदले में कितने पैसे दे सकता है। जो भाव एक व्यक्ति ने तय किया है, उसे वही व्यक्ति या कोई दूसरा व्यक्ति बदल भी सकता है।

भाव मनमाने होते हैं

तथ्य यह है कि सारे भाव मनमाने अंदाज़ में तय किए जाते हैं। कंपनियाँ लागत, अनुमानित मुनाफ़े और प्रतिस्पर्धी स्थितियों के आधार पर मनमाने तरीक़े से अपने भाव तय करती हैं, यानी जब जानकारी बदलती है, तो सारे भाव बदल सकते हैं। सेल में सामान कम भाव पर बिकता है। यह इस बात का उदाहरण है कि भाव तय करते वक़्त कंपनी ने अनुमान लगाने में ग़लती कर दी थी।

आपको यह नज़रिया रखना चाहिए कि इस पल चाहे जो भाव माँगा गया हो, आप किसी ना किसी तरह उस सौदे को अपने लिए बेहतर बना सकते हैं। आप जो चाहते हैं, उसे आप ज़्यादा सस्ते में, ज़्यादा जल्दी या ज़्यादा अच्छी शर्तों के साथ पा सकते हैं। किसी ना किसी तरह भाव या शर्तों को बेहतर बनाने के अवसरों की लगातार तलाश करने की आदत डाल लें।

अनुबंध सिर्फ़ शुरुआती बिंदु है

मिसाल के तौर पर, जब आपके सामने एक अनुबंध रखा जाता है, तो आपको जो वाक्य या अनुच्छेद पसंद नहीं आते हैं, आपको उन्हें काटने या बदलने का पूरा हक़ है। ध्यान रखें कि किसी वेंडर (या किसी दूसरे) ने आपके सामने जो अनुबंध रखा है, उसे *वेंडर* के लिए और उसकी तरफ़ से लिखा गया है। ज़ाहिर है, उस अनुबंध में आपके हितों का ज़्यादा ध्यान नहीं रखा गया होगा। कभी इस बात से ना घबराएँ कि अनुबंध या बिक्री अनुबंध लिखा जा चुका है और आधिकारिक दिखता है।

कुछ साल पहले हमने एक नई ऑफ़िस इमारत में नई जगह पाँच साल की लीज़ पर ली। कुछ सालों बाद इमारत के मालिक ने किसी प्रॉपर्टी कंपनी को वह इमारत बेच दी। नए प्रॉपर्टी मैनेजर ने हर किरायेदार को बताया कि क़ानूनी कारणों से किरायेदारों को नए मालिक के साथ नए लीज़ अनुबंध पर हस्ताक्षर करने होंगे, लेकिन हमें बताया गया कि इसमें चिंता की कोई बात नहीं है। शर्तें कमोबेश उस मूल लीज़ जैसी ही होंगी, जिस पर हमने दस्तख़त किए थे, बस इक्का-दुक्का छुटपुट बदलाव होंगे।

जब हमें दस्तख़त के लिए नई लीज़ मिली, तो यह मूल लीज़ से दस पेज लंबी थी। मेरा एक मित्र कमर्शियल ऑफ़िस लीज़िंग विशेषज्ञ है। उसने इसकी समीक्षा करके बताया कि मूल लीज़ में 52 जगह जोड़ा-घटाया गया था। और बिना किसी अपवाद के उनमें से प्रत्येक परिवर्तन हमारे व्यवसाय के लिए हानिकारक या संभवतः हानिकारक था।

हमने बहुत ही सरल काम किया। हमने नए लीज़ अनुबंध में किए गए सभी बावन परिवर्तनों को काटा, बदला और अपने लघु हस्ताक्षर कर दिए, फिर हमने वह लीज़ का कटा-पिटा अनुबंध इमारत के मालिकों को थमा दिया। कुछ दिनों बाद वे एक साफ़-सुथरा नया अनुबंध लेकर हमारे पास आए, जिसमें उन्होंने हमारे बताए 52 बदलाव कर दिए थे।

इस कहानी का संदेश : कभी भी किसी क्रय या विक्रय अनुबंध की शर्तों से ना घबराएँ। सामने वाला व्यक्ति जो भी कहता है या अनुबंध में जो भी लिखता है, उस हर बात पर सौदेबाज़ी की जा सकती है। अनुबंध तो इस प्रक्रिया का सिर्फ़ पहला क़दम है।

2

सौदेबाज़ी के डर से उबरें

बेहतर सौदा पाने की कुंजी आसान है, यानी माँगें। कम भाव या बेहतर शर्तों की माँगें। अनुबंध में बदलाव की माँग करें। अतिरिक्त चीज़ें साथ में देने को कहें। डिस्काउंट या रियायत माँगें। अतिरिक्त प्रॉडक्ट्स या सेवाओं को पूरे सौदे में शामिल करने की माँग करें। सुखद अंदाज़ में माँगें। अपेक्षा के साथ माँगें। विश्वास के साथ माँगें। शिष्टता के साथ माँगें। यदि आपको विश्वास हो कि इससे मदद मिलेगी, तो दृढ़ता से माँगें, लेकिन हमेशा निश्चित रूप से और स्पष्टता से अपनी मनचाही चीज़ माँगें। हमेशा पूछें कि क्यों और क्यों नहीं? भविष्य माँगने वालों का ही है। भविष्य उन लोगों का है, जो विश्वास और साहस से वह माँगते हैं, जो वे चाहते हैं और दोबारा माँगते हैं और माँगते रहते हैं।

यदि यह सलाह इतनी आसान है, तो ऐसा क्यों है कि इतने कम लोग अपनी मनचाही चीज़ माँगते हैं? हममें से कई लोगों के मामले में इसकी जड़ें बचपन तक जाती हैं। हमेशा इसका कारण होता है *अस्वीकृति का* डर। इसका कारण होता है आलोचना और बिना शर्त के प्रेम का अभाव, जिसका अनुभव कई लोगों ने बचपन में किया था। जब बच्चों को शुरुआती वर्षों में पूरी तरह से पोषक माहौल नहीं मिलता है, तो बड़े

होने पर उनमें आत्म-गौरव और आत्मविश्वास की कमी होती है। इसके फलस्वरूप उन्हें अक्सर यह महसूस ही नहीं होता है कि उन्हें जो सौदा दिया जा रहा है, वे उससे बेहतर सौदे के हक़दार हैं।

अस्वीकृति का यह डर लोगों को पूरे वयस्क जीवन में पीछे रोककर रख सकता है। वे अक्सर ऐसे अनुबंधों, रोज़गार की शर्तों या भाव - ख़रीदते समय भी और बेचते समय भी - को स्वीकार कर लेते हैं, जिनसे ज़्यादा लाभकारी अनुबंध, शर्तें या भाव उन्हें मिल सकते हैं। कारण इस बात का डर है कि सामने वाला इनकार ना कर दे।

आप *विपरीत* व्यवहार करके किसी डर से उबर सकते हैं। यदि आपमें अस्वीकृति का डर है और आपका सामान्य व्यवहार यह है कि आप निष्क्रियता से सामने वाले की शर्तें मान लेते हैं, तो आप इस डर से उबर सकते हैं, अगर आप लगातार बेहतर सौदा माँगते रहें और सामने वाले के 'नहीं' कहने की परवाह ना करें।

यह बार-बार करेंगे, तो डर जल्दी ही घट जाता है और ग़ायब हो जाता है। यह 'सुनियोजित संवेदनशून्यता' की प्रक्रिया है। अपने डर का सामना करने और भयावह चीज़ को बार-बार करने से अंततः डर ग़ायब हो जाता है।

जिस तरह डर एक आदत है, उसी तरह साहस भी एक आदत है। साहस से काम करने के लिए ख़ुद को विवश करके, ख़ासतौर पर किसी सौदेबाज़ी में बेहतर भाव और शर्तें माँगकर, आप दरअसल अपना आत्मविश्वास और आत्म-गौरव बढ़ाते हैं।

कोल्ड-कॉलिंग से साहस बढ़ता है

मेरे जीवन में मैंने एक बहुत महत्त्वपूर्ण सबक़ तब सीखा, जब मैंने घर-घर जाकर बेचना और कोल्ड-कॉलिंग करना शुरू किया। पहले तो मुझे इतनी अस्वीकृति मिली, जितनी मैं कल्पना भी नहीं कर सकता था। मैंने जो भी

दरवाज़ा खटखटाया, लगभग हर दरवाज़ा मेरे मुँह पर कसकर बंद किया गया। सामने वाले ने मुझे अस्वीकृत कर दिया और यह बताया कि वह व्यक्ति ना तो मेरा प्रॉडक्ट चाहता है, ना ही उसकी इसमें कोई रुचि है। मैंने *नहीं* शब्द सैकड़ों, हज़ारों बार सुना, फिर एक दिन मैंने एक अनुभवी सेल्सपर्सन से पूछा कि वे सतत अस्वीकृति से कैसे निपटते हैं, तो उन्होंने मुझे ये जादुई शब्द बताए : "अस्वीकृति व्यक्तिगत नहीं होती।"

अस्वीकृति को व्यक्तिगत ना मानें। जब कोई किसी सौदेबाज़ी में आपके आग्रह पर 'नहीं' कहता है, तो वह आपको या आपके व्यक्तिगत मूल्य को अस्वीकार नहीं कर रहा है। इसका इस बात से कोई लेना-देना नहीं है कि आप अच्छे या बुरे इंसान हैं। जहाँ तक उस व्यक्ति के नहीं कहने की बात है, यह तो किसी प्रस्ताव पर सिर्फ़ एक वाणिज्यिक प्रतिक्रिया है। इसका आपसे कोई लेना-देना नहीं है। इसे *व्यक्तिगत* ना मानें।

एक बार जब मैंने यह मुख्य विचार सीख लिया, तो मैं बिक्री करने वाली मशीन बन गया। मैं आत्मविश्वास के साथ घर-घर जाता था और लोगों से अपना प्रॉडक्ट ख़रीदने को कहता था। मैंने चाहे जितनी बार नहीं शब्द सुना हो, मैं हँस देता था। मुझे इस बात का अहसास हो चुका था कि सामने वाला मेरे बारे में बिलकुल भी नहीं सोच रहा था। सामने वाला तो सिर्फ़ एक त्वरित प्रतिक्रिया दे रहा था, जो किसी ऐसी चीज़ के प्रस्ताव पर दी जाती है, जो वर्तमान स्थिति से भिन्न होती है। अस्वीकृति व्यक्तिगत नहीं होती।

साम्राज्य बनाना

मेरे सेमिनार में फ़ीनिक्स का एक मज़दूर आया, जो ज़्यादा पुराने मकान ख़रीदकर उन्हें इतने किराये पर देना चाहता था, ताकि हाउस लोन की क़िस्त भी चुक जाए और उसे थोड़ा मुनाफ़ा भी हो जाए। दिक्क़त यह थी कि यह काम शुरू करने के लिए उसके पास ज़्यादा पैसे नहीं थे।

वह अख़बार में घरों के 'बिकाऊ है' विज्ञापन देखता रहा। वह उन घरों की तलाश कर रहा था, जिनका विज्ञापन रियल एस्टेट एजेंट के बजाय ख़ुद 'मालिक' ने दिया हो। वह इन मकान मालिकों को फ़ोन करके घर देखने जाता था। पहले वह अच्छी तरह तसल्ली कर लेता था कि यह ख़रीदने, मरम्मत करने और किराये पर देने के लिए अच्छा घर होगा, फिर वह मकान मालिक के माँगे हुए भाव का ठीक आधा देने का प्रस्ताव रख देता था। इससे कुछ मकान मालिक नाराज़ हुए, तो कुछ आगबबूला हो गए, लेकिन वह जिन बीस मकान मालिकों से मिलता था, उनमें से एक ज़िंदगी में किसी ऐसी परिस्थिति से गुज़र रहा होता था, जिसकी वजह से वह बेचने को आतुर होता था। ऐसे लोग थे, जिनका कारोबार ठप हो गया था या जिनकी नौकरी चली गई थी या वे तलाक़ या दिवालियेपन की प्रक्रिया से गुज़र रहे थे या जिन्होंने देश के किसी दूसरे हिस्से में जाकर रहने का निर्णय लिया था और सिर्फ़ मकान ना बिक पाने के कारण ही वहाँ रुके हुए थे।

यानी हर उन्नीस अस्वीकृतियों के बाद बीसवाँ मकान मालिक ऐसी क़ीमत पर बेचने को तैयार हो जाता था, जो पहले माँगी गई क़ीमत की 60 या 70 प्रतिशत होती थी, जिसे वह अंततः स्वीकार कर लेता था।

वह बार-बार *नहीं* शब्द सुनने के लिए तैयार था, लेकिन कुछ साल बाद इसी वजह से वह 42 मकानों का मालिक बन चुका था और उनसे हर महीने 10,000 डॉलर से ज़्यादा कमा रहा था। वह मिलियनेयर बनने की राह पर था। और यह सब इसलिए हुआ, क्योंकि वह मनचाही चीज़ माँगते समय *नहीं* शब्द सुनने से नहीं डरा।

सौदेबाज़ी एक खेल है

सौदेबाज़ी को एक खेल मानें। यह करो या मरो वाला कोई गंभीर मामला नहीं है। यह तो सिर्फ़ खेल का एक रूप है। वास्तव में, यह जीवन के सबसे बेहतरीन खेलों में से एक है। आपका काम तो इस खेल

को यथासंभव कुशलता से खेलना है और इसमें लगातार बेहतर बनते जाना है।

सौदेबाज़ी करने वाले शीर्षस्थ लोग लगभग हर मौक़े पर सौदेबाज़ी करते हैं। वे मोल-भाव इसलिए भी करते हैं, क्योंकि उन्हें इसमें आनंद आता है। जब आप सौदेबाज़ी को एक आनंददायक गतिविधि मानने लगते हैं और इसे करते समय शांत, आत्मविश्वासी और प्रसन्नचित्त रहते हैं, तो आप जहाँ भी जाएँगे और जो भी करेंगे, आपको हर जगह और हर चीज़ में सौदेबाज़ी के अवसर दिखने लगेंगे।

3

सौदेबाज़ी के प्रकार

सौदेबाज़ी दो प्रकार की होती है। प्रत्येक का एक अलग उद्देश्य और अलग मनचाहा परिणाम होता है। समस्या यह है कि सौदेबाज़ी करने वाला अक्सर दोनों में गफ़लत कर देता है, जिससे आपको उतने अच्छे परिणाम नहीं मिलते, जितने तब मिलते अगर आप इस बारे में पूरी तरह से स्पष्ट होते कि आप क्या कर रहे हैं और क्या हासिल करना चाहते हैं।

पहले प्रकार की सौदेबाज़ी वह है, जिसे मैं 'एक बार' शैली कहता हूँ। यहाँ आपको सामने वाले पक्ष से सिर्फ़ एक बार ही सौदेबाज़ी करनी होती है और और दोबारा कभी नहीं करनी होती। इस तरह की सौदेबाज़ी में हर पक्ष का केवल एक ही लक्ष्य होता है : ख़रीदते समय कम से कम और बेचते समय ज़्यादा से ज़्यादा भाव तथा सबसे अच्छी शर्तें हासिल करना।

बहुत अटल बनें

पहले प्रकार या टाइप वन सौदेबाज़ी में आप सामने वाले की विरोधी स्थिति में हैं। अगर वह ख़रीद रहा है, तो उसका लक्ष्य सबसे कम संभव भाव पर ख़रीदना है और अगर वह बेच रहा है, तो वह आपसे सबसे

ज़्यादा संभव भाव ऐंठना चाहता है। वह आपका मित्र नहीं है। चाहे वह कितना ही मुस्कराए या सौदेबाज़ी में कितना ही विनम्र और शिष्ट हो, वह सिर्फ़ अपने बारे में और अपने ख़ुद के लाभ या पुरस्कार के बारे में ही सोच रहा है। दिन के अंत में उसे दरअसल यह परवाह नहीं होती कि आप ज़रूरत से ज़्यादा पैसे देते हैं या आपको ज़रूरत से कम पैसे मिलते हैं।

इस तरह की सौदेबाज़ी में आपको शांत, चालाक और स्वार्थी रहना चाहिए। यहाँ आप सर्वश्रेष्ठ संभव सौदा पाने के लिए किसी भी चाल या युक्ति का इस्तेमाल करने के हक़दार हैं। एक बार जब सौदा पूरा हो जाए, तो आपको यह मान लेना चाहिए कि आप उस व्यक्ति को दोबारा कभी नहीं देखेंगे या उसकी आवाज़ कभी नहीं सुनेंगे। इससे कोई फ़र्क़ नहीं पड़ता कि वह आपको पसंद करता है या नहीं, आपका सम्मान करता है या नहीं या आपका मित्र बनना चाहता है या नहीं। मायने सिर्फ़ यह रखता है कि आपको सर्वश्रेष्ठ संभव सौदा मिल जाए। बाद के अध्यायों में आप कई रणनीतियाँ और तरक़ीबें सीखेंगे, जिनका इस्तेमाल करके आप इस तरह की सौदेबाज़ी में अपनी सफलता को बढ़ा सकते हैं।

दीर्घकालीन सौदेबाज़ी

दूसरे प्रकार की सौदेबाज़ी दीर्घकालीन सौदेबाज़ी या टाइप टू सौदेबाज़ी होती है। यहाँ आप एक ज़्यादा जटिल अनुबंध करने के इरादे से जाते हैं, जो लंबे समय तक चलेगा। इस मामले में जिस प्रॉडक्ट, सेवा, अनुबंध या समझौते पर बातचीत हो रही हो, उसकी प्रकृति के अनुसार आपको उसी व्यक्ति या संगठन के साथ भविष्य में कई महीनों या वर्षों तक काम करना पड़ सकता है।

तीस साल पहले जब मैंने शिकागो में एक निर्माता/डिस्ट्रिब्यूटर के साथ ऑडियो-वीडियो लर्निंग प्रोग्राम बनाना शुरू किया, तो मैं इस बात के लिए कृतज्ञ था कि कंपनी मेरे प्रोग्रामों को राष्ट्रीय और अंतरराष्ट्रीय स्तर

पर बेच रही थी। सौभाग्य से कंपनी ने मेरे सामने ऐसी शर्तें रखीं, जो उद्योग के लिहाज़ से न्यायपूर्ण और वाजिब थीं। आज तीस साल बाद भी मैं उस कंपनी के साथ क़रीबी तौर पर काम कर रहा हूँ। मैं उस संगठन के मुख्य लोगों के साथ आज भी काम कर रहा हूँ, जिनमें प्रेसिडेंट से लेकर नीचे तक के कर्मचारी शामिल हैं।

इतने दशकों में बाज़ार बदला है, बहुत से लोग आकर चले गए हैं और बाज़ार में ज़्यादा प्रॉडक्ट आए हैं, लोकप्रिय हुए हैं तथा अंततः ग़ायब हो गए हैं, लेकिन इस पूरे समय उस कंपनी के मुख्य लोगों के साथ मेरा संबंध दोस्ताना, स्नेहपूर्ण, विनम्रतापूर्ण और पेशेवर रहा है। चूँकि मैंने हमेशा इस संबंध को एक दीर्घकालीन संबंध माना था, इसलिए मुझे अपने जीवन में कुछ सर्वश्रेष्ठ व्यावसायिक अवसर और परिणाम मिले हैं।

चीनी अनुबंध

मैंने इस रणनीति का इस्तेमाल बरसों पहले शुरू किया था। अब तक मैं इसे हज़ारों कंपनियों और एक्ज़ीक्यूटिव्ज़ को सिखा चुका हूँ, जिन्होंने इसका इस्तेमाल करके बहुत संतुष्टि और उत्कृष्ट परिणाम पाए हैं। आइए एक सामान्य पाश्चात्य अनुबंध और चीनी अनुबंध के बीच का फ़र्क़ समझकर शुरुआत करते हैं।

पश्चिमी देशों में किसी अनुबंध की महीन इबारत पर सौदेबाज़ी करने में बहुत ज़्यादा समय लगाया जाता है। "पहले हिस्से वाला पक्ष यह करेगा... और दूसरे हिस्से वाला पक्ष यह करेगा...", फिर यह अनुबंध पूरे व्यावसायिक संबंध का आधार बन जाता है। हर पक्ष से लिखित अनुबंध के एक-एक शब्द के मुताबिक़ वादे पूरे करने की उम्मीद की जाती है। लिखित अनुबंध से ज़रा सा भी अंतर समझौते में अवरोध, आर्थिक दंड और मुकदमेबाज़ी तक ले जा सकता है।

चीनी संस्कृति में, जहाँ मैं हर साल काफ़ी समय बिताता हूँ, अनुबंध की शर्तों पर सौदेबाज़ी की जाती है, विचार-विमर्श किया जाता है और

सहमति बनाई जाती है, फिर उन शर्तों को काग़ज़ पर लिखा जाता है, उनकी समीक्षा की जाती है, उनमें फेरबदल किया जाता है और अंततः दोनों पक्ष उस पर विधिवत हस्ताक्षर कर देते हैं।

पाश्चात्य अनुबंध में बातचीत या सौदेबाज़ी का यहीं *अंत* हो जाता है, लेकिन चीनी अनुबंध में यह सौदेबाज़ी और चर्चाओं की *शुरुआत* है।

चीनी मानसिकता में हर सोची गई या अपेक्षित चीज़ को लिख लिया जाता है, लेकिन दोनों ही पक्ष स्पष्टता से यह समझते हैं कि आगे नई जानकारी मिलेगी और नई स्थितियाँ खड़ी होंगी। नई जानकारी और नई स्थितियों की वजह से अनुबंध को बदलने की ज़रूरत पड़ सकती है, ताकि यह उस समय भी दोनों पक्षों के लिए न्यायपूर्ण और वाजिब हो।

जब भी मैं किसी के साथ सौदेबाज़ी करता हूँ (और साठ से ज़्यादा देशों के ग्राहकों के साथ मेरे अनुबंध हैं), तो मैं अक्सर जटिल और बहुल हिस्सों वाले अनुबंध करता हूँ, जिनमें कई हज़ार डॉलर और दो पन्ने का अनुबंध शामिल होता है।

शुरुआत में ही मैं इस तरह की बात कह देता हूँ, "आइए हम अपने बीच एक *चीनी अनुबंध* करते हैं। इस प्रकार के अनुबंध में आप और मैं मिलकर व्यवसाय करने की बुनियादी शर्तों के बारे में सहमत होते हैं, लेकिन मैं चाहता हूँ कि हम दोनों ही इससे ख़ुश रहें। अगर किसी भी समय कोई ऐसी चीज़ हो जाती है, जिससे इस अनुबंध के आस-पास की स्थिति बदल जाती है, तो हम मिलकर बैठेंगे और शर्तों पर दोबारा सौदेबाज़ी करेंगे, ताकि हम दोनों ही ख़ुश बने रहें।"

और अच्छी ख़बर यह है : इन 'चीनी अनुबंधों' को लेकर मेरे साझेदारों और मुझमें कभी कोई बहस, मतभेद या मुकदमेबाज़ी नहीं हुई है। हर मामले में हम खुले और दोस्ताना रहते हैं। हमारा प्रयास इसी बात पर केंद्रित रहता है कि मिलकर काम करने की प्रक्रिया में हर पक्ष को अधिकतम लाभ हो।

4

आजीवन व्यावसायिक संबंध

यह लगभग हर व्यवसाय में होता है। आप किसी कंपनी या व्यक्ति के साथ काम शुरू करते हैं, आमतौर पर निचले स्तर पर। समय के साथ वह व्यावसायिक संबंध विकसित होकर आपके वित्तीय और निजी जीवन के सबसे अहम हिस्सों में से एक बन सकता है।

पेशेवर सौदेबाज़ी के विशेषज्ञ जेरार्ड नियरेनबर्ग ने एक बार कहा था कि सौदेबाज़ी का उद्‌देश्य "एक ऐसी सहमति पर पहुँचना है, जिसमें सभी पक्षों की आवश्यकताएँ इस हद तक संतुष्ट हों, ताकि वे अंदर से अपने वादे पूरे करने के लिए प्रेरित हों और वे उसी पक्ष के साथ बाद में भी सौदेबाज़ी और अनुबंध करने के लिए प्रोत्साहित हों।"

आइए इस परिभाषा को हिस्सों में तोड़ते हैं। पहले, 'ऐसी सहमति पर पहुँचना...' का मतलब है कि इस सौदेबाज़ी का उद्‌देश्य जीतना या हारना नहीं है, इसका उद्‌देश्य विरोधी को पराजित नहीं करना है, बल्कि किसी तरह की सहमति पर पहुँचना है। जब दोनों पक्ष सहमति पर पहुँचने का तरीक़ा खोजने की सच्ची इच्छा के साथ सौदेबाज़ी की प्रक्रिया शुरू करते हैं, तो दोनों पक्षों का व्यवहार एक बार की सौदेबाज़ी वाली शैली से काफ़ी भिन्न होता है और परिणाम आमतौर पर काफ़ी बेहतर होते हैं।

परिभाषा का दूसरा हिस्सा है, "...सभी पक्षों की आवश्यकताएँ इस हद तक संतुष्ट हों...," यहाँ यह पहचाना गया है कि सौदेबाज़ी करने वाले प्रत्येक पक्ष की इच्छाएँ और ज़रूरतें दूसरे पक्ष की इच्छाओं और ज़रूरतों से भिन्न होती हैं। इसीलिए सौदेबाज़ी या बातचीत की जा रही है। दीर्घकालीन व्यवस्था के लिए यह अनिवार्य है कि दोनों ही पक्ष सामने वाले की बुनियादी आवश्यकताओं को संतुष्ट करने के तरीक़े खोजें।

दोनों पक्षों को ख़ुश होना चाहिए

परिभाषा का तीसरा हिस्सा है, "...ताकि वे अंदर से अपने वादे पूरे करने के लिए प्रेरित हों...," इसका मतलब है कि दोनों पक्षों को सौदेबाज़ी के परिणामों से इतना ख़ुश होना चाहिए कि वे उस व्यावसायिक समझौते को सफल बनाना चाहें और सौदेबाज़ी में किए वादे निभाने के लिए पूरी तरह से इच्छुक रहें, ताकि उन्हें समझौते के लाभ मिल सकें।

एक बार मैं एक बड़े अध्ययन संगठन के वरिष्ठ एक्ज़ीक्यूटिव से बात कर रहा था। उसने मुझे काफ़ी गर्व से बताया कि उसने एक प्रकाशन कंपनी के साथ अपनी कंपनी के लिए बहुत अच्छा सौदा हासिल किया था। उसने 'उन्हें धूल चटा दी थी,' जिसके फलस्वरूप वे आख़िरकार अनुबंध में इतना ज़्यादा एडवांस और रॉयल्टी देने के लिए तैयार हो गए, जितनी वे दूसरे लेखकों और प्रोग्राम डेवलपर्स को नहीं देते थे।

संयोग से मैं भी उसी प्रकाशक का प्रॉडक्ट डेवलपर था। मुझे यह जानकर हैरानी हुई कि इस एक्ज़ीक्यूटिव को सौदेबाज़ी में मुझसे बेहतर सौदा मिला था, जबकि मैं बरसों से उसी प्रकाशक के साथ काम कर रहा था और इतना अच्छा सौदा मुझे कभी नहीं मिला था। जब मैंने कंपनी के प्रेसिडेंट से बात की, तो उन्होंने मुझे समझाया कि सामने वाला पक्ष सौदेबाज़ी में काफ़ी आक्रामक था और बहुत माँगें कर रहा था। वह टस से मस नहीं हो रहा था और ज़रा सा भी झुकने को तैयार नहीं था। या तो प्रकाशक ज़्यादा ऊँची दर पर भुगतान करने को सहमत हो जाए,

वरना वह ना सिर्फ़ वहाँ से चला जाएगा, बल्कि दूसरों से प्रकाशक की बुराई भी करेगा।

प्रेसिडेंट ने कहा, "हम बाज़ार में अपने दुश्मन नहीं चाहते हैं, इसलिए हमने उनकी शर्तें विनम्रता से मान लीं। अब हमारे पास उनके प्रॉडक्ट बनाने और बेचने का पूरा अधिकार तो है, लेकिन इसका बंधन नहीं है। हमारा ऐसा करने का कोई इरादा भी नहीं है। उनका प्रॉडक्ट हमारी शेल्फ़ पर अनंत काल तक बना रहेगा, जब तक कि वे आकर इसे दोबारा नहीं माँगते। उस बिंदु पर हम उन्हें यह लौटा देंगे और उनके साथ अपने संबंध को हमेशा के लिए ख़त्म कर लेंगे।"

यह वरिष्ठ एक्ज़ीक्यूटिव अपने प्रॉडक्ट के लिए बाज़ार से ज़्यादा और बेहतरीन भाव ऐंठने में कामयाब हो गया था, लेकिन चूँकि उसने दीर्घकालीन संबंध के महत्त्व पर से नज़रें हटा लीं, इसलिए उसके और उसकी कंपनी के पास अंततः एक अनुबंध के सिवाय कुछ नहीं था, जिस पर भाव और शर्तें लिखी थीं, जिन्हें पूरा करने का सामने वाली कंपनी का कोई वादा या इरादा नहीं था।

अप्रत्यक्ष प्रयास का नियम

सौदेबाज़ी में एक सिद्धांत है, जिसे अप्रत्यक्ष प्रयास का नियम कहा जाता है। यह कहता है कि जब आप प्रत्यक्ष के बजाय अप्रत्यक्ष रूप से काम करते हैं, तो आपको ज़्यादा मिलता है। मिसाल के तौर पर, आप किसी सौदेबाज़ी में अपने ख़ुद के लक्ष्य हासिल करने की जितनी ज़्यादा कड़ी कोशिश करते हैं, आप उतने ही कम सफल होंगे। जब आप अपनी मनचाही चीज़ हासिल करने की स्पष्ट कोशिश करते हैं, तो दूसरे लोग ख़ुद को सुरक्षित रखने के लिए आपको पीछे धकेलने के लिए विवश महसूस करते हैं।

लेकिन आप सामने वाले पक्ष को संतुष्ट करने (अप्रत्यक्ष नीति) का तरीक़ा खोजने के लिए जितनी मेहनत से काम करते हैं, सामने वाला एक

ऐसा अनुबंध स्वीकार करने के लिए उतना ही ज़्यादा तैयार होगा, जो आपके लिए संतोषजनक हो।

रैल्फ़ वाल्डो इमर्सन ने कहा था, "मित्र पाने के लिए पहले आपको मित्र बनना होगा।" सौदेबाज़ी में अप्रत्यक्ष प्रयास के नियम का इस्तेमाल यह है कि आप जिन लोगों के साथ सौदेबाज़ी कर रहे हैं, जब आप उनके सर्वश्रेष्ठ हितों को सुनिश्चित करने पर ध्यान केंद्रित करते हैं, तो वे निश्चिंत हो जाते हैं और सौदा करने के ऐसे तरीक़े खोजने लगते हैं, जो आपके लिए भी संतोषजनक हों।"

इसीलिए मैं हमेशा कहता हूँ, "हम आज यहाँ जो भी निर्णय लेते हैं, मैं चाहता हूँ कि आप उससे ख़ुश रहें। मैं आपके हर विचार और सुझाव का स्वागत करूँगा, जिससे यह पक्का हो जाए कि आप हमारी बातचीत के अंत में और बाद में भी ख़ुश हों। मैं भी ख़ुश रहना चाहता हूँ, लेकिन मैंने पाया है कि अगर मैं आपकी ख़ुशी पर ध्यान केंद्रित करता हूँ, तो आमतौर पर मुझे भी ख़ुशी ही मिलेगी।"

इस नीति से सौदेबाज़ी करने पर मेरा दूसरा पक्ष लगभग हमेशा निरस्त्र हो जाता है और लगभग हमेशा हमारे बीच ऐसा समझौता होता है, जो दोनों ही पक्षों के लिए संतोषजनक होता है। हम दोनों ही वहाँ से ख़ुश होकर जाते हैं।

भविष्य के बारे में सोचें

नियरेनबर्ग की परिभाषा का चौथा और अंतिम हिस्सा है "...और वे उसी पक्ष के साथ बाद में भी सौदेबाज़ी और अनुबंध करने के लिए प्रोत्साहित हों।" यह दीर्घकालीन कारोबारी समझौते का सबसे अहम हिस्सा है। इसका मतलब है कि सौदे की सफलता से दोनों ही पक्ष इतने ख़ुश हैं कि वे बार-बार दूसरे समझौते करने के लिए इच्छुक भी हैं और उत्सुक भी।

आज सर्वश्रेष्ठ कंपनियाँ ख़ुद को अपने ग्राहकों, वेंडरों और सप्लायर्स के साथ 'साझेदार' की स्थिति में रखती हैं। अपने व्यवसाय को बहुत सारी दूसरी कंपनियों में फैलाने के बजाय वे एक अकेले सप्लायर के साथ काम करती हैं। उस सप्लायर के साथ क़रीबी तौर पर काम करके वे बहुत गुणवत्तापूर्ण संबंध बनाती हैं। उनका आपसी संबंध उन्हें बेहतर गुणवत्ता, ज़्यादा कार्यकुशलता, और अंततः कम भाव व दोनों पक्षों के लिए ज़्यादा मुनाफ़े की ओर ले जाता है। यही वह रणनीति है, जिसका इस्तेमाल आज सभी उद्योगों के लगभग सभी बिज़नेस लीडर करते हैं।

टाइप टू सौदेबाज़ी एक ऐसी प्रक्रिया है, जिसकी कोई असली शुरुआत, मध्य या अंत नहीं है, क्योंकि यह लगातार चलती रहती है। इस प्रकार की सौदेबाज़ी का शुरुआती बिंदु गुणवत्तापूर्ण संबंध बनाना है, जो विश्वास और विश्वसनीयता पर आधारित हों। चाहे वे बिक्री के लिए हों, ख़रीदारी के लिए हों, रोज़गार, वित्त या किसी दूसरी चीज़ के लिए हों, आपके सबसे अच्छे कारोबारी संबंध हमेशा एक ऐसे अनुबंध पर आधारित होंगे, जिससे दोनों ही पक्ष ख़ुश हैं और जो विभिन्न रूपों में अनंत काल तक चलता रहता है।

सबसे बुरे क़िस्म की सौदेबाज़ी वह होती है, जिसके ख़त्म होने पर कोई भी पक्ष संतुष्ट नहीं होता। कोई भी पक्ष सामने वाले से दोबारा सौदेबाज़ी नहीं करना चाहता। और दोनों ही पक्ष समझौते में किए गए वादों को निभाने के बारे में असहज और निरुत्साहित होते हैं।

5

सौदेबाज़ी की छह शैलियाँ

सौदेबाज़ी कई तरीक़ों से की जा सकती है, लेकिन आपको इस बारे में स्पष्ट होना चाहिए कि आप सौदेबाज़ी की किस तरह की शैली का इस्तेमाल कर रहे हैं और किस परिणाम की कोशिश कर रहे हैं।

जीत-हार की सौदेबाज़ी

पहली शैली को 'जीत-हार की सौदेबाज़ी' कहा जाता है। यह तब होती है, जब पहले पक्ष यानी पार्टी ए को वह मिल जाता है, जो वह चाहता है और दूसरे पक्ष, यानी पार्टी बी की हार हो जाती है। यह टाइप वन सौदेबाज़ी का लक्ष्य है, जैसा अध्याय तीन में बताया गया है। यह सौदेबाज़ी की वह नीति है, जिसका इस्तेमाल तब किया जाता है, जब ज़िंदगी में केवल एक ही बार उस पक्ष से अनुबंध करना हो। यहाँ आप सबसे ऊँचे भाव पर बेचना चाहते हैं या सबसे कम भाव पर ख़रीदना चाहते हैं। इस तरह की सौदेबाज़ी में आपका ध्यान मित्र बनाने या दीर्घकालीन संबंध बनाने पर केंद्रित नहीं होता। यह तो सर्वश्रेष्ठ संभव सौदा हासिल करने पर पूरी तरह केंद्रित होता है। आपको ख़ास परवाह नहीं होती कि

सामने वाला भाव या शर्तों से नाख़ुश या असंतुष्ट है। आपका लक्ष्य तो बस जीतना होता है।

ज़ाहिर है, इस तरह की सौदेबाज़ी अतिरिक्त व्यवसाय या समझौते की ओर नहीं ले जाती है, सिवाय कुछ ख़ास मामलों के, जैसे जब आप तुरंत पैसा पाने के लिए अपनी जायदाद गिरवी रख रहे हों। इस मामले में साहूकार की जीत होती है, क्योंकि वह उस सामान की सिर्फ़ आंशिक क़ीमत ही देता है, जबकि सामान गिरवी रखने वाले व्यक्ति की हार होती है, क्योंकि उसे आंशिक क़ीमत ही मिलती है।

हार-जीत की सौदेबाज़ी

सौदेबाज़ी की दूसरी शैली है 'हार-जीत की सौदेबाज़ी'। यह जीत-हार की सौदेबाज़ी के विपरीत है। सरल भाषा में कहें, तो यह पहली शैली के ठीक उलट है। दूसरे पक्ष या पार्टी बी को वह मिल जाता है, जो वह चाहता है और पार्टी ए की हार हो जाती है। बी की आवश्यकताएँ संतुष्ट हो जाती हैं, जबकि ए की आवश्यकताएँ संतुष्ट नहीं होतीं। सौदेबाज़ी की इस नीति का इस्तेमाल तब किया जाता है, जब दोनों पक्ष एक-दूसरे को विरोधी मानते हैं, जिसे किसी भी साधन से हराना है।

हार-हार की सौदेबाज़ी

तीसरी नीति है 'हार-हार की सौदेबाज़ी'। इस स्थिति में दोनों ही पक्ष एक ऐसे सौदे में दाख़िल होते हैं, जिससे दोनों में से कोई भी *संतुष्ट नहीं* होता, क्योंकि किसी भी पक्ष को उतना नहीं मिलता, जितनी उसे उम्मीद थी। इस तरह की सौदेबाज़ी के बाद अक्सर विरोध, शत्रुता और बहसबाज़ी होती है।

मिसाल के तौर पर, पति घर आता है और पत्नी से कहता है, "आज रात बाहर डिनर करने चलते हैं। आप कहाँ चलना चाहोगी?"

वह जवाब देती है कि वह सीफूड पसंद करेगी। पति कहता है कि वह सीफूड से तंग आ चुका है और वह इतालवी भोजन पसंद करेगा। पत्नी कहती है कि कुछ समय से बहुत ज़्यादा इतालवी भोजन हो चुका है, इसलिए इसमें उसकी रुचि नहीं है। शांति बनाए रखने के लिए वे आख़िरकार चाइनीज़ भोजन करने पर सहमत हो जाते हैं, जो उन दोनों में से कोई भी ख़ासतौर पर नहीं चाहता है, लेकिन इस मामले में यह एकमात्र कारगर समझौता नज़र आता है।

यह हार-हार की सौदेबाज़ी है। पत्नी को वह नहीं मिला, जो वह चाहती थी। पति को वह नहीं मिला, जो वह चाहता था, लेकिन वे सौदेबाज़ी के परिणामों को इसलिए स्वीकार कर लेते हैं, क्योंकि उन्हें कुछ नहीं के बजाय कुछ तो मिल रहा है।

समझौते की सौदेबाज़ी

चौथे प्रकार की सौदेबाज़ी को 'समझौता' कहा जाता है। समझौता सौदेबाज़ी में दोनों ही पक्षों को कुछ मिलता है और इसलिए वे बेहतर स्थिति में होते हैं, लेकिन दोनों में से किसी भी पक्ष की आवश्यकताएँ पूरी तरह संतुष्ट नहीं होती हैं। सौदेबाज़ी के अंत में दोनों ही पक्षों के मुँह का स्वाद कसैला रहता है। वे इतने अप्रसन्न तो नहीं होते कि अनुबंध करने से इनकार कर दें, लेकिन वे सौदेबाज़ी के परिणामों को लेकर ख़ास रोमांचित भी नहीं होते हैं।

कोई सौदा नहीं वाली सौदेबाज़ी

पाँचवीं शैली को 'कोई सौदा नहीं वाली सौदेबाज़ी' कहा जाता है। इस स्थिति में आप और सामने वाला दोनों ही अपनी स्थितियों, आवश्यकताओं और हितों को बताते हैं। बातचीत करने पर पाते हैं कि आप किसी सहमति पर नहीं पहुँच सकते। आप दोनों बहुत दूर हैं। आप असहमत होने के लिए सहमत हो जाते हैं। आप कटुता या अप्रसन्नता के बिना

अलग-अलग रास्तों पर चले जाते हैं। आप दोनों के सामने चर्चा का दरवाज़ा खुला रहता है, जिससे आप परिस्थितियों के बदलने पर दोबारा सौदेबाज़ी शुरू कर सकते हैं।

मिसाल के तौर पर, आप एक ख़ास सामान ख़रीदना चाहते हैं, लेकिन सामने वाला बहुत ज़्यादा भाव माँग रहा है। आप कम भाव का प्रस्ताव रखते हैं, लेकिन सामने वाला उस भाव पर देने से इनकार कर देता है। आप इससे ज़्यादा देना नहीं चाहते और वह उससे कम में बेचना नहीं चाहता। कोई सौदा नहीं होता।

जीत-जीत की सौदेबाज़ी

अंत में आता है सर्वश्रेष्ठ क़िस्म का सौदा यानी 'जीत-जीत की सौदेबाज़ी'। यही आपका लक्ष्य है। जीत-जीत की सौदेबाज़ी में दोनों ही पक्षों को यह महसूस होता है कि वे जीत गए हैं। दोनों ही पक्षों को महसूस होता है कि उन्होंने एक बेहतरीन सौदा कर लिया है। दोनों ही पक्ष ख़ुश और संतुष्ट होते हैं। दोनों ही अपने वादे निभाने के लिए उत्सुक होते हैं। दोनों इसी आधार पर आगामी सौदे करने के लिए भी तत्पर रहते हैं।

ज़्यादातर मामलों में जीत-जीत सौदेबाज़ी के लिए एक तीसरे विकल्प पर पहुँचने की ज़रूरत होती है, जो उन दोनों के शुरुआती विकल्पों से बेहतर होता है। दोनों ही पक्ष जब सौदेबाज़ी में प्रवेश करते हैं, तो उनके मन में विचार, हित और स्थितियाँ भरी होती हैं। अक्सर उन्हें यह अहसास होता है कि इतने अलग-अलग विकल्पों में समझौता नहीं हो सकता, लेकिन फिर उन्हें एक तीसरा विकल्प मिलता है, जो ज़्यादातर मामलों में उन दोनों के सोचे हुए विकल्प से भिन्न होता है, जब वे सौदेबाज़ी करने के लिए वहाँ आए थे।

जीत-जीत की सौदेबाज़ी तब होती है, जब तीसरा विकल्प उन दोनों विकल्पों से श्रेष्ठ साबित होता है, जिनके साथ दोनों पक्ष चर्चा करने के लिए टेबल पर बैठे थे।

परस्पर लाभ के समाधान की तलाश करें

कुछ साल पहले मैं टाउन काउंसिल के सदस्यों से 330 घरों के लिए रियल एस्टेट डेवलपमेंट अनुबंध पर सौदेबाज़ी कर रहा था। मेरे ग्राहकों ने शहर के कोने पर जायदाद ख़रीदी थी और सब डिवीज़न की डिज़ाइनिंग का पूरा काम कर लिया था, लेकिन टाउन काउंसिल सीवेज, सड़कें, पहुँच मार्ग, बिजली-पानी आदि प्रदान करने के लिए प्रति भूखंड के 10,000 डॉलर, यानी तब के हिसाब से कुल मिलाकर 3.3 मिलियन डॉलर माँग रही थी। इसे यह राशि नक़द चाहिए थी और वह भी तुरंत। इसकी माँग अतार्किक नहीं थी, क्योंकि इसे नए सब डिवीज़न में सुविधाएँ देने के लिए बहुत सारा पैसा ख़र्च करना था। समस्या यह थी कि मेरे ग्राहकों के पास इतना नक़द पैसा नहीं था।

जब यह लग रहा था कि हम एक अंधी गली में पहुँच गए हैं और मेरे ग्राहक सोचने लगे थे कि सौदा उनकी अँगुलियों से फिसल रहा है, तो मैंने परस्पर लाभ के एक समाधान का प्रस्ताव रखा। मैंने कहा, "ऐसा लगता है कि अंतिम बिंदु का संबंध 3.3 मिलियन डॉलर से है। मेरा समाधान यह है। हम यहाँ इस बात के लिए तैयार हो जाते हैं कि हम आपको 3.3 मिलियन डॉलर देंगे, जैसा आपने आग्रह किया है।"

फिर मैंने आगे कहा, "पिछले तीन दिनों से हम यहाँ जिन मुद्दों पर बातचीत कर रहे हैं, हम उस हर चीज़ से सहमत हो जाएँगे, जिनमें नगरपालिका को 3.3 मिलियन डॉलर देना शामिल है, लेकिन हमें आपसे बस एक छोटी सी रियायत चाहिए। हम आपसे यह माँग करते हैं कि आप इस बात के लिए तैयार हो जाएँ कि आप प्रति भूखंड 10,000 डॉलर की दर से 3.3 मिलियन डॉलर तब लें, जब हम उन्हें घर बनाने वालों और डेवलपर्स को बेचें।"

कमरे में ख़ामोशी छा गई। आख़िरकार मेयर ने ख़ामोशी तोड़ी। उन्होंने कहा, "देखिए ज़ाहिर है, हम पूरा पैसा तुरंत और एकमुश्त पसंद

करते, लेकिन अगर भूखंड बेचना आपके लिए सर्वश्रेष्ठ है, तो हम आंशिक भुगतान के लिए तैयार हैं।"

सौदा हो गया।

मैंने आपको यह कहानी इसलिए बताई है, क्योंकि जब आप जीत-जीत वाला समाधान खोजते हैं, तो इस तरह की चीज़ बार-बार होती है। लीक से हटकर सोचने के लिए तैयार रहें। पूरी तरह स्पष्ट कर लें कि सौदे में हर पक्ष को अनिवार्यतः क्या चाहिए, फिर देखें कि क्या आप उन दोनों लक्ष्यों को हासिल करने का कोई ऐसा तरीक़ा नहीं खोज सकते, जिससे हर व्यक्ति खुद को विजेता महसूस करे।

6

सौदेबाज़ी की शक्ति के उपयोग

आपको जितना लगता है, सौदेबाज़ी में आपके पास उससे ज़्यादा शक्ति होती है। यह लगभग हमेशा होता है। जब आपको महसूस हो कि सामने वाले के पास ही सारी शक्ति है, तब भी यह हो सकता है कि आपके पास कोई ऐसी चीज़ हो, जिसे वह चाहता है या आप उसकी कोई मनचाही चीज़ खोज सकते हैं, जिससे शक्ति का पलड़ा आपके पक्ष में भारी हो जाए।

आप कई तरीक़ों से किसी भी तरह की सौदेबाज़ी में अपनी शक्ति बढ़ा सकते हैं, जिनमें पूरी तैयारी, अधिकार, सामने वाले पक्ष संबंधी ज्ञान, परानुभूति, पुरस्कार/दंड और निवेश शामिल हैं।

तैयारी की शक्ति

जब आप सौदेबाज़ी करने जाते हैं, तब आपकी तैयारी जितनी ज़्यादा होगी और आप जितने ज़्यादा ज्ञानी होंगे, आपके पास उतनी ही ज़्यादा शक्ति होगी। अच्छी तरह होमवर्क करें। विशेषज्ञ सौदेबाज़ रॉबर्ट रिंगर बताते हैं कि किसी रियल एस्टेट मालिक के साथ सौदेबाज़ी करते वक़्त वे एक अकाउंटेंट, वकील और बिज़नेस मैनेजर को साथ लेकर गए थे।

इससे जिस अनुबंध पर चर्चा हो रही थी, उसके बारे में उन्हें बहुत सक्षम और ज्ञानी माना गया।

अधिकार की शक्ति

यह स्पष्ट करने से भी आपको शक्ति मिलती है कि आपके पास ख़रीदने या ना ख़रीदने, यानी ख़रीदारी का निर्णय लेने या ना लेने का अधिकार है। इसके अलावा, जब आप स्पष्ट कर देते हैं कि आप इस क्षेत्र में ज्ञानी और अनुभवी हैं तथा स्पष्टता से जानते हैं कि भाव और शर्तें सटीकता से क्या होनी चाहिए, तो सामने वाला व्यक्ति अक्सर सहम जाता है और आपको बेहतर भाव तथा शर्तें दे देता है।

दूसरे पक्ष की आवश्यकताओं के ज्ञान की शक्ति

आप सामने वाले पक्ष की स्थिति के बारे में जितना ज़्यादा जानते हैं, आपके पास सौदेबाज़ी में उतनी ही ज़्यादा शक्ति होती है। अगर आपको यह पता लगता है कि सामने वाले व्यक्ति को आपका कोई प्रॉडक्ट या सेवा तुरंत चाहिए या सामने वाली कंपनी के सामने गंभीर वित्तीय समस्याएँ हैं और इसे पूँजी या उधार की ज़रूरत है, तो आप बेहतरीन सौदा करने की ज़्यादा मज़बूत स्थिति में होते हैं।

परानुभूति या तादात्म्य की शक्ति

इस शक्ति का इस्तेमाल लगभग हर क्षेत्र के शीर्ष सौदेबाज़ करते हैं। आप सामने वाले व्यक्ति के साथ गर्मजोशी भरा संबंध बनाने में जितना ज़्यादा समय लगाते हैं, वह संभवतः उतना ही ज़्यादा तनावरहित होगा और सौदेबाज़ी में आपको बेहतर शर्तें देने के लिए उतना ही ज़्यादा तैयार होगा।

पुरस्कार और दंड देने की शक्ति

यह एक अनिवार्य शक्ति है, जिसे आप सौदेबाज़ी में दिखा सकते हैं और आपको दिखानी भी चाहिए। जब आपके पास किसी को पुरस्कार या लाभ देने की शक्ति होती है अथवा पुरस्कार और लाभ रोकने की शक्ति होती है, तो इस बात की कहीं ज़्यादा संभावना होती है कि वह आपके साथ व्यवसाय करेगा। वह आपके साथ सौदेबाज़ी करना चाहेगा।

निवेश की शक्ति

इसका मतलब यह है कि आपने या सामने वाले ने सौदेबाज़ी में कितना समय लगाया है या मेहनत की है। अगर आपने सिर्फ़ पाँच मिनट का ही समय लगाया है, तो आपका निवेश बहुत कम है, लेकिन अगर आपने किसी समझौते पर काम करने में पाँच दिन, सप्ताह या महीने लगाए हैं, तो आपने भारी निवेश किया है और इसका सामने वाले पर निश्चित रूप से असर पड़ता है। सामने वाले पक्ष का या आपका निवेश जितना ज़्यादा होता है, आपके पास सौदेबाज़ी में उतनी ही ज़्यादा शक्ति होती है।

7

शक्ति और अनुभूति

सारी शक्ति अनुभूति का मामला है। महत्त्वपूर्ण यह नहीं है कि आपके पास कितनी शक्ति है, महत्त्वपूर्ण तो यह है कि सामने वाले के हिसाब से आपके पास कितनी शक्ति है।

मेरा एक अच्छा मित्र है। वह कभी करोड़ों डॉलर का मालिक था, लेकिन महामंदी में उसका सारा पैसा चला गया। वह हर क्षेत्र में कटौती करने के लिए विवश हुआ और उसे हैंपटन्स का घर तथा अपनी बड़ी याट बेचनी पड़ी।

लेकिन उसने यह बात किसी को भी नहीं बताई।

आज वह दोबारा उन्नति की राह पर है। वह ख़रीद रहा है, बेच रहा है, सौदेबाज़ी कर रहा है और एक कंपनी का विस्तार कर रहा है तथा दूसरी को बेच रहा है। चूँकि हर व्यक्ति अब भी उसे दौलतमंद मानता है, इसलिए वह भी ऐसा व्यवहार करता है, मानो उसके पास वही आर्थिक दबदबा हो, जो कुछ साल पहले था। अनुभूति ही सब कुछ है।

अनुभूति का महत्त्व सौदेबाज़ी में प्रयुक्त शक्ति के प्रकारों पर लागू होता है, जैसा पिछले अध्याय में वर्णन किया गया है। यहाँ कुछ

और तरीक़े हैं, जिनसे *अनुभूति की शक्ति* सौदेबाज़ी को प्रभावित कर सकती है।

अभाव की शक्ति

अक्सर लोग यह जानते ही नहीं हैं कि वे किसी प्रॉडक्ट या सेवा को कितना ज़्यादा हासिल करना चाहते हैं, जब तक कि यह आशंका सामने नहीं आती कि वे उसे बिलकुल भी हासिल नहीं कर पाएँगे। आपके पास कोई दुर्लभ चीज़ है, जिसकी दूसरे लोगों को ज़रूरत या इच्छा है और जिसे वे तुरंत ख़रीदने को तैयार हैं, इस अनुभूति से आपको किसी सौदेबाज़ी में उत्कृष्ट मोल-भाव करने की शक्ति मिलती है।

उदासीनता की शक्ति

आप सौदेबाज़ी में शांत और भावशून्य बनकर उदासीनता का नज़रिया प्रदर्शित करते हैं। इस तरह आप सामने वाले के मन में यह अनुभूति बना देते हैं कि आपको दरअसल इस बात की परवाह ही नहीं है कि आप प्रॉडक्ट ख़रीद या बेच पाते हैं अथवा नहीं। इसे अक्सर 'पोकर फ़ेस' यानी जुआरी का चेहरा कहा जाता है।

जब आप टीवी पर पोकर चैंपियनों को देखते हैं, तो आप ग़ौर करेंगे कि पूरे खेल में उनका चेहरा शांत रहता है और वे लगभग ऊबे हुए नज़र आते हैं। अगर सामने वाला पक्ष सौदा करने को उत्सुक हो, तो और भी अच्छा रहता है। अगर आप उदासीन हैं और सामने वाला उदासीन नहीं है, तो आपको यक़ीनन बेहतर सौदा मिल जाएगा।

साहस की शक्ति

सौदेबाज़ी में साहस दिखाने का तरीक़ा यह है कि आप सौदे पर दृढ़ मुद्रा अपनाते हैं, एक स्पष्ट पेशकश या माँग करते हैं, सौदेबाज़ी की असफलता का जोखिम लेते हैं और ज़रूरत पड़ने पर सौदेबाज़ी से उठकर दूर चले

जाने की अपनी इच्छुकता दर्शाते हैं। जब सामने वाला पक्ष यह देखता है कि आपको अपनी पेशकश और प्रस्ताव पर पूरा विश्वास है, तो इससे अक्सर वह दबाव में आ जाता है और आपको बेहतर भाव या शर्तें दे देता है।

समर्पण की शक्ति

अगर सामने वाला पक्ष देखता है कि आप अनुबंध और सौदा पूरा करने के लिए पूरी तरह समर्पित हैं और इसे हासिल करने के लिए कुछ भी कर सकते हैं, तो इससे सामने वाला मन ही मन आपको ज़्यादा शक्तिशाली समझने लगता है।

द्वितीय विश्व युद्ध में सिंगापुर में ब्रिटिश सेना के पास 80,000 सैनिक थे और आक्रमण से जूझने के लिए अच्छी रसद भी थी। दूसरी तरफ़, जापान की सेना छोटी थी, लेकिन इसके बावजूद जापान ने सिंगापुर को ब्रिटेन से छीन लिया। जापान ने ब्रिटिश सेना को विश्वास दिला दिया कि वह विजय के प्रति इतना समर्पित था कि टापू को रौंद देगा और इस पर मौजूद हर व्यक्ति को मार डालेगा, जिनमें नागरिक शामिल थे। चूँकि जापानी पूरे मलेशिया को पहले ही रौंद चुके थे, जिससे जान-माल का भारी नुक़सान हुआ था, इसलिए ब्रिटिश सेना सिंगापुर को रौंदने के उनके समर्पण पर शक नहीं कर सकती थी। जापान के संकल्प की इस अनुभूति की वजह से ब्रिटेन ने हथियार डाल दिए।

ज्ञान और विशेषज्ञता की शक्ति

जो पक्ष सबसे ज़्यादा ज्ञान या विशेषज्ञता का अहसास दिलाता है, उसके पास सौदेबाज़ी में ज़बर्दस्त शक्ति होती है। यदि आप कोई जटिल या उन्नत प्रॉडक्ट बेच रहे हैं, तो पृष्ठभूमि के डाटा या प्रौद्योगिकी पर आपकी पकड़ से आप उस ख़रीदार से स्पष्ट रूप से लाभकारी स्थिति में रहते हैं, जिसे उस प्रॉडक्ट के बारे में कम ज्ञान है।

ऐपल स्टोर्स संसार का सबसे सफल रिटेल व्यवसाय है। न्यू यॉर्क की टिफ़ैनी एंड कंपनी की औसत बिक्री लगभग 2,000 डॉलर प्रति वर्ग फ़ुट है, जबकि ऐपल स्टोर की औसत बिक्री 4,600 डॉलर प्रति वर्ग फ़ुट है। क्यों? क्योंकि ऐपल स्टोर्स में काम करने वाले लोग जो प्रॉडक्ट्स बेचते हैं, उनके बारे में वे इतने ज़्यादा ज्ञानी होते हैं कि लोग उन प्रॉडक्ट्स को ख़रीदने के लिए सैकड़ों-हज़ारों डॉलर देते हैं, जिन्हें ख़रीदने का उनका कोई इरादा नहीं था और जब वे दरवाज़े में से अंदर घुसे थे, तो उन्हें पता ही नहीं था कि वे उन प्रॉडक्ट्स को चाहते हैं।

8

सौदेबाज़ी पर भावनाओं का प्रभाव

भावना सौदेबाज़ी का अहम घटक है। भावनाएँ, ख़ासतौर पर *इच्छा, लोभ, डर या क्रोध* की भावनाएँ, किसी सौदेबाज़ी में आपकी मदद कर सकती हैं या आपको नुक़सान पहुँचा सकती हैं। सौदेबाज़ी की प्रतिक्रिया में आप अपनी भावनाओं को जितनी दूर रख सकते हैं, आप ख़ुद के लिए या अपने संगठन के लिए सर्वश्रेष्ठ सौदा हासिल करने में उतने ही ज़्यादा सक्षम होंगे। आप जितने ज़्यादा भावनात्मक या भावुक होते हैं, आप अच्छा सौदा पाने में उतने ही कम सक्षम होंगे।

भावनाएँ मूल्य को विकृत कर देती हैं। भावनाएँ हावी हो जाती हैं, तो आप स्पष्टता से सोच नहीं पाते हैं और अच्छे निर्णय लेने में अक्षम होते हैं। किसी सौदेबाज़ी में शांत रहने के लिए आप जो भी चीज़ करते हैं, हर चीज़ से बेहतर सौदा पाने में मदद मिलेगी।

आप इसे कितनी बुरी तरह चाहते हैं?

सौदेबाज़ी में सबसे प्रबल भावना है *इच्छा*। आप किसी ख़ास प्रॉडक्ट अथवा सेवा को जितना ज़्यादा ख़रीदना या हासिल करना चाहते हैं (या बेचना चाहते हैं), आपके पास सौदेबाज़ी में उतनी ही कम शक्ति होगी।

अगर आप किसी चीज़ को बहुत बुरी तरह चाहते हैं, तो संभवतः आप इसके लिए कोई भी क़ीमत चुकाने को तैयार होंगे। अगर सामने वाला जानता है कि आप किसी चीज़ को बुरी तरह चाहते हैं, तो वह आपसे लाभप्रद स्थिति में होगा।

पिछले अध्याय में *उदासीनता* की शक्ति के बारे में हमने जो बात की थी, वह याद है? ख़ुद से कुछ प्रश्न पूछें। अगर आपको यह प्रॉडक्ट ना मिले, तो क्या होगा? अगर आप इस सौदेबाज़ी या ख़रीदारी में सफल ना हों, तो सबसे बुरी चीज़ क्या हो सकती है? अगर आपको यह नहीं मिलता है, तो क्या आपकी जान चली जाएगी?

अपनी मनचाही वस्तु हासिल ना कर पाने के बारे में ख़ुद को पहले से तैयार कर लें। चाहे ख़रीदारी हो या बिकवाली, आप सौदेबाज़ी में सफल ना होने के बारे में जितने ज़्यादा शांत रहते हैं, आप उतनी ही ज़्यादा अच्छी तरह सोच पाएँगे और उतने ही बेहतर निर्णय ले पाएँगे।

अपनी भावनाओं को नियंत्रित करें

लोभ एक और भावना है, जो आपकी सोच को बहुत ज़्यादा प्रभावित करती है। कुछ दिए बिना कुछ पाने का विचार या किसी चीज़ को बहुत कम भाव पर पाने का विचार आपकी भावनाओं को विकृत कर सकता है और स्पष्टता से सोचने को मुश्किल बना सकता है। आप जिसके हक़दार नहीं हैं, उसे पाने के विचार या ज़बर्दस्त सौदे जैसी लगने वाली किसी चीज़ को पाने के विचार से तार्किक निर्णय लेने की आपकी योग्यता आहत हो सकती है।

इच्छा और लोभ के बाद डर सबसे ख़तरनाक भावना है। आप किसी परिणाम से जितना ज़्यादा डरते हैं, उतनी ही आसानी से ऐसा काम करने के बारे में रोमांचित हो जाएँगे, जो शायद आपके सर्वश्रेष्ठ हित में नहीं होगा। आप कोई निश्चित चीज़ हासिल कर पाते हैं या नहीं या सौदेबाज़ी में कोई ख़ास परिणाम हासिल कर पाते हैं या नहीं, इसके प्रति उदासीनता दिखाना अपनी भावनाओं को शांत करने का एक अद्भुत तरीक़ा है।

अंत में, एक और प्रबल भावना की वजह से आप सौदेबाज़ी में ख़राब निर्णय ले सकते हैं। यह है *क्रोध*। धूर्त सौदेबाज़ अक्सर डर और क्रोध का इस्तेमाल करके लोगों को बौखला देते हैं और फिर उन पर चढ़ाई करके उन्हें ऐसे निर्णय लेने पर विवश कर देते हैं, जो उनके लिए अच्छे नहीं हैं।

हर समय शांत रहें

जब भी आपको महसूस हो कि आप किसी सौदेबाज़ी में भावुक बन रहे हैं, तो 'विराम' का आग्रह करें। ब्रेक लें। पैदल टहलें। लंच के बाद लौटें या दूसरे दिन लौटें। खुद को अनुशासित करें कि जब भी आप किसी तरह की भावना के शिकंजे में हों, तो कोई महत्त्वपूर्ण निर्णय नहीं लेंगे या किसी शर्त को स्वीकार नहीं करेंगे।

खुद से यह प्रश्न पूछें, "तो क्या फ़र्क़ पड़ता है?" अगर सौदा नहीं होता है, तो क्या फ़र्क़ पड़ता है? मेरे एक मार्गदर्शक बहुत सफल व्यवसायी हैं। उन्होंने मुझे एक बार एक बात बताई, जिसे मैं कभी नहीं भूला। जब मैं किसी संभावित व्यावसायिक सौदे के बारे में रोमांचित होता था, तो वे कहते थे, "ब्रायन, सौदे किसी बस की तरह होते हैं। हमेशा कुछ देर बाद दूसरी बस आ जाएगी। इस एक सौदे के बारे में रोमांचित या चिंतित मत रहो। अगर यह सही से नहीं होता है, तो इसके बारे में भूल जाओ। दूसरा सौदा जल्दी ही सामने आ जाएगा।"

एक बुद्धिमान व्यक्ति ने एक बार मुझसे कहा था, "कई बार सर्वश्रेष्ठ सौदे वे होते हैं, जो आपने नहीं किए।"

विरक्ति का अभ्यास करें

अपनी भावनाओं पर क़ाबू रखने की कुंजी यह है कि आप पहले से मनोवैज्ञानिक रूप से तैयार हो जाएँ। विरक्ति का अभ्यास करें। किसी सौदेबाज़ी में जाते वक़्त गहरी साँस लें। ख़ुद पर निगाह रखें और बौद्ध की तरह शांत रहें। सौदे के साथ भावनात्मक रूप से ना जुड़ें या प्रबलता से तादात्म्य ना करें।

शांति का अहसास और स्पष्ट विरक्ति क़ायम रखने की आपकी योग्यता शक्ति की स्थिति में आने की कुंजी है। याद रखें, जो व्यक्ति किसी ख़ास परिणाम को पाने के बारे में भावनात्मक रूप से सबसे ज़्यादा शामिल होता है, उसके पास सबसे कम शक्ति होती है।

9

निर्णयों में समय का तत्व

समय और टाइमिंग, यानी सही समय चुनना प्रभावी सौदेबाज़ी में मुख्य घटक होते हैं। अक्सर आपको किसी सौदेबाज़ी में उत्कृष्ट सौदा मिल सकता है, बशर्ते आप पहले से ही सही समय चुनने की योजना बना लें।

राज़ खुल गया है

मिसाल के तौर पर, नई कार ख़रीदते समय आप एक रणनीति का इस्तेमाल कर सकते हैं। सेल्सपीपुल और सेल्स मैनेजरों को हर महीने कोटा पूरा करना होता है। अगर आप महीने के पहले तीन हफ़्तों में किसी डीलर के यहाँ जाते हैं, तो उस पर कोटा पूरा करने का कोई दबाव नहीं रहता है। इस वजह से वह आपसे ज़्यादा से ज़्यादा भाव माँगेगा और सौदेबाज़ी में ज़्यादा रियायतें नहीं देगा।

कार ख़रीदने का सबसे अच्छा समय महीने के आख़िरी दो-तीन दिनों में होता है। इसके पहले आप टेस्ट-ड्राइव करने के लिए डीलर के यहाँ जा सकते हैं, ताकि आप यह चुन सकें कि आप कौन सी कार ख़रीदना चाहते हैं, लेकिन आख़िरी भाव और शर्तों पर सौदेबाज़ी करने के लिए महीने के आख़िरी दो-तीन दिनों का इंतज़ार करें। इस नीति पर

चलने से आपको हमेशा बेहतर सौदा मिलेगा और कई बार तो बहुत ज़्यादा बेहतर सौदा मिलेगा।

कुछ साल पहले मैं 1,000 से ज़्यादा लोगों का सेल्स सेमिनार कर रहा था। मैंने प्रतिभागियों को यही बात बताई कि अगर वे भविष्य में कार ख़रीदने की सोचें, तो सही समय महीने के आख़िरी दो-तीन दिन होते हैं। मुझे पता नहीं था कि दर्शकों में अलग-अलग कंपनियों के लगभग 100 कार सेल्सपीपुल भी बैठे थे। वे मेरे 'पर्दाफ़ाश' पर आगबबूला हो गए। जब सेमिनार ख़त्म हुआ, तो वे सड़क पर मेरे पीछे चिल्लाते रहे तथा बुरा-भला कहते रहे, क्योंकि मैंने कार उद्योग के सबसे अच्छे रहस्यों में से एक को उजागर कर दिया था।

अत्यावश्यकता के अहसास से सावधान रहें

टाइमिंग या सही समय चुनने में शायद सबसे महत्त्वपूर्ण घटक तात्कालिकता या अत्यावश्यकता का अहसास है। आप कोई चीज़ जितनी जल्दी ख़रीदना चाहते हैं, आपके पास मोल-भाव करने की उतनी ही कम शक्ति होती है। अच्छे सेल्सपीपुल और सौदेबाज़ हर युक्ति का इस्तेमाल करके तात्कालिकता का अहसास उत्पन्न करते हैं, ताकि ग्राहकों की प्रभावी ढंग से सौदेबाज़ी करने की योग्यता कमज़ोर हो जाए।

सेल्सपर्सन कहता है, "यदि हम आज किसी सहमति पर नहीं पहुँच पाते हैं, तो कल सुबह पूरा भाव बदल जाएगा।" या, "हमारे पास इस ख़ास सामान पर ख़ास छूट चल रही है, लेकिन यह आज पाँच बजे ख़त्म हो जाएगी। इसके बाद यह इसके पूरे दाम पर ही मिलेगा।"

अगर कोई कहता है कि आपको तुरंत निर्णय लेना होगा, वरना आप ख़ास शर्तों को गँवा देंगे, तो इस तकनीक से निपटने के लिए आप इस तरह जवाब देते हैं, "अगर मुझे इसी समय, तुरंत ही निर्णय लेना हो, तो जवाब नहीं है, लेकिन अगर मुझे आपके प्रस्ताव पर सावधानी से सोचने का मौक़ा मिलता है, तो जवाब भिन्न हो सकता है।"

पहले अमेरिका में अग्निशामक विभाग निजी स्वामित्व के होते थे, जिसमें स्थानीय दुकानदार काम करते थे। जब किसी के घर में आग लग जाती थी, तो मकान मालिक किसी को अग्निशामक विभाग तक भेजता था और जल्दी से जल्दी दमकल भेजने का आग्रह करता था। दमकल जलते हुए घर के सामने पहुँचती थी और इसी माहौल में दमकल का मालिक मकान मालिक से आग बुझाने की क़ीमत पर सौदेबाज़ी करता था। जैसी कि आप कल्पना कर सकते हैं, मकान मालिक उस वक़्त अपनी तरफ़ से बहुत अच्छी सौदेबाज़ी करने की स्थिति में नहीं होता था। इस असंतुलन की वजह से ही सारे अग्निशामक विभाग अंततः सरकारी बन गए और उनका प्रबंधन शासकीय हो गया।

निर्णय लेने में जल्दबाज़ी ना करें

चालाकी की एक और तकनीक है, जिसे 'जल्दबाज़ी' कहा जाता है। इसमें सामने वाला पक्ष आपसे जल्दबाज़ी में निर्णय कराता है और आपको ज़्यादा सोच-विचार करने का मौक़ा ही नहीं देता है। जब भी कोई आपको जल्दबाज़ी में निर्णय लेने के लिए विवश करे, तो आप यह कहकर इससे निपटते हैं, "मुझे इस निर्णय के बारे में सोचने के लिए ज़्यादा समय चाहिए। मैं आपको बाद में बताता हूँ।"

वास्तव में, उत्कृष्ट सौदेबाज़ देर करने के लिए समय का इस्तेमाल करते हैं। विलंब इनकार करने का सबसे क्रूर तरीक़ा है। आप किसी सौदेबाज़ी में जितना विलंब करते हैं या किसी निष्कर्ष पर पहुँचने के लिए आतुर व्यक्ति को जवाब देने में जितनी देर करते हैं, आपके पास उतनी ही ज़्यादा शक्ति होती है।

किसी सहमति या समझौते में विलंब एक शक्तिशाली तकनीक है, जिसका इस्तेमाल आप अपनी रक्षा के लिए कर सकते हैं। गंभीर निर्णयों को कम से कम चौबीस घंटों के लिए टाल दें, ताकि आपको सोच-विचार के लिए समय मिल जाए। आप किसी सौदेबाज़ी संबंधी निर्णय लेने में

जितनी ज़्यादा देर करते हैं, बेहतर निर्णय लेने की आपकी योग्यता उतनी ही अच्छी होती है। आपको मिलने वाला अंतिम सौदा भी बेहतर हो जाएगा।

डेडलाइन तय करें या उनसे बचें

समय और टाइमिंग के संबंध में एक और सहायक तकनीक है, जिसे डेडलाइन कहा जाता है। जब भी संभव हो, सामने वाले पक्ष को निर्णय लेने के लिए एक डेडलाइन दे दें। सामने वाले पक्ष को बताएँ कि अगर वह आपको निश्चित समय या तारीख़ तक निर्णय नहीं बताता है, तो सारी शर्तें रद्द हो जाएँगी। भाव और शर्तें बदल जाएँगी। आप वह प्रॉडक्ट या सेवा किसी दूसरे को बेच देंगे।

माहिर सौदेबाज़ और सौदेबाज़ी के शिक्षक हर्ब कोहेन एक मूल्यवान सबक़ वाली कहानी बताते हैं, जो उन्होंने एक्ज़ीक्यूटिव के रूप में अपने करियर में जल्दी ही सीख ली थी।

कंपनी ने उन्हें एक बड़े उत्पादन अनुबंध पर सौदेबाज़ी करने के लिए जापान भेजा था। संभावित कारोबारी समझौता उनकी कंपनी के लिए तो महत्त्वपूर्ण था ही, युवा एक्ज़ीक्यूटिव के रूप में उनके लिए भी महत्त्वपूर्ण था।

जब वे जापान पहुँचे, तो मेज़बान लिमोज़ीन में बैठाकर उन्हें होटल ले गए और कहा कि वे सम्मानित अतिथि के रूप में उनकी पूरी देखभाल करेंगे। मेज़बानों ने उनकी वापसी के टिकट के बारे में पूछा, ताकि उन्हें पता चल सके कि वे कब जा रहे हैं, जिससे वे उन्हें हवाई अड्डे तक छोड़ने का इंतज़ाम कर सकें। इसके फलस्वरूप उन्हें यह पता चल गया कि कोहेन के पास जापान में छह दिन थे, जिसके बाद उन्हें अमेरिका लौटना होगा।

पहले पाँच दिन तक मेज़बानों ने उन्हें शानदार दावतें दीं, शराब पिलाई और भोजन कराया। वे उन्हें प्लांट घुमाने ले गए, लेकिन उन्होंने कभी व्यवसाय संबंधी चर्चा नहीं की। उनके शिष्टाचार से अभिभूत होकर कोहेन भी यथासंभव विनम्र बने रहे। मेज़बानों ने आख़िरी दिन ही गंभीर सौदेबाज़ी शुरू की। हवाई अड्डे तक कार से जाते समय भी वे अंतिम निर्णयों के बारे में सौदेबाज़ी कर रहे थे। कोहेन ने अंततः एक बुरा सौदा स्वीकार कर लिया, जिसे वे कभी स्वीकार नहीं करते, अगर उन्हें यह अहसास होता कि सामने वाला पक्ष उनके ख़िलाफ़ समय का इस्तेमाल कर रहा था।

सौदेबाज़ी में 20/80 का नियम

सौदेबाज़ी और सही समय चुनने में 80/20 का नियम एक ख़ास तरह से लागू होता है। नियम यह है कि किसी सौदेबाज़ी के आख़िरी 20 प्रतिशत हिस्से में ही पूरे सौदे में शामिल 80 प्रतिशत महत्त्वपूर्ण मुद्द्दों पर निर्णय लिए जाते हैं। सौदेबाज़ी के पहले 80 प्रतिशत हिस्से में सिर्फ़ 20 प्रतिशत मुद्द्दों पर ही निर्णय लिए जाते हैं।

आपको यह जान लेना चाहिए कि शुरुआती 80 प्रतिशत विचार-विमर्श महत्त्वहीन मुद्द्दों के इर्द-गिर्द घूमेगा। जब समय ख़त्म होने वाला होगा, तब सौदेबाज़ी के अंत में ही आप आख़िरकार सबसे अहम मुद्द्दों पर बातचीत करेंगे और अंततः सहमत होंगे।

मैंने यह सीखा है कि आपको सौदेबाज़ी के पहले हिस्से में शांत रहना चाहिए। जल्दबाज़ी करने में कोई तुक नहीं है। अगर किसी समझौते पर दो घंटे तक चर्चा होने वाली है, तो यह मानना सुरक्षित है कि सबसे महत्त्वपूर्ण बिंदुओं पर आख़िरी तीस मिनट में ही निर्णय लिए जाएँगे। धैर्यवान बनें।

10

जानें कि आप क्या चाहते हैं

यह आश्चर्यजनक है कि कितने सारे लोग सौदेबाज़ी करने के लिए बैठ तो जाते हैं, लेकिन उन्हें सटीकता से यह पता नहीं होता कि वे क्या हासिल करना चाहते हैं। नतीजा यह होता है कि वे चलते-चलते अपने लक्ष्य और इच्छाएँ तय करते हैं। उन्हें ज़्यादा ऊँचे भाव पर ख़रीदने या कम भाव पर बेचने के लिए आसानी से प्रभावित किया जा सकता है, राज़ी किया जा सकता है और उनसे फ़ायदा उठाया जा सकता है।

इस स्थिति का समाधान यह है कि आप पहले से सोच लें कि आप कौन से आदर्श परिणाम चाहते हैं। ख़ुद से यह प्रश्न पूछें, "यदि यह सौदेबाज़ी मेरे लिए आदर्श तरीक़े से हो, तो मुझे कौन सा परिणाम मिलेगा?"

काग़ज़ पर सोचें। हर चीज़ का वर्णन करते हुए लिखें कि आप सौदेबाज़ी से क्या चाहते हैं। जो लोग सटीकता से जानते हैं कि वे क्या चाहते हैं और इसे लिख लेते हैं, वे अनिश्चित या अस्पष्ट लोगों से ज़्यादा लाभकारी स्थिति में रहते हैं।

इस पर दूसरों से चर्चा करें

जब भी संभव हो, आगामी सौदेबाज़ी के बारे में किसी दूसरे से बातचीत करें और उसे आदर्श परिणाम के विवरण बताएँ। दूसरों के साथ बातचीत करने और काग़ज़ पर सोचने का मतलब यह नहीं है कि आपको प्रॉडक्ट या सेवा मुफ़्त में मिल जाएगी या आप कोई ऐसा परिणाम हासिल कर लेंगे, जिससे दूसरे व्यक्ति को नुक़सान होगा। बहरहाल, सौदेबाज़ी से पहले अच्छी तरह विचार करने पर इस बात की ज़्यादा संभावना है कि आप जीत-जीत वाले परिणाम पर पहुँच जाएँगे, जिससे आप भी संतुष्ट होंगे और सामने वाला भी।

इस प्रक्रिया में यह भी तय करें कि आदर्श परिणाम हासिल करने के लिए आप क्या क़ीमत चुकाने को तैयार हैं। आप इस सौदेबाज़ी या समझौते में जो चाहते हैं, उसके बदले में आप क्या देने या मानने को तैयार हैं?

सर्वश्रेष्ठ, मध्यम और सबसे बुरे परिणाम

तीन तरह के संभावित परिणामों के संदर्भ में सोचें : सर्वश्रेष्ठ, मध्यम और सबसे बुरे। जब आप किसी सौदेबाज़ी सत्र में जाते हैं, तो आपके दिमाग़ में ये तीनों परिणाम रहने चाहिए। बहरहाल, आपको शुरुआत से ही सर्वश्रेष्ठ संभव भाव और शर्तों का लक्ष्य बनाना चाहिए।

जब आप बेचने के लिए सर्वश्रेष्ठ संभव भाव और ख़रीदने के लिए सबसे कम संभव भाव से शुरुआत करते हैं, तो इसके परिणामों से आप अक्सर दंग रह जाएँगे। कई बार तो आपके नियंत्रण के बाहर के कई घटक होते हैं, जिनकी वजह से सामने वाला पक्ष आपकी बात तुरंत मान लेगा और आगे मोल-भाव करने की ज़रूरत ही नहीं होगी।

आपने जो मध्यम परिणाम तय किया है, वह स्वीकार्य है, जबकि तीसरा संभावित परिणाम सबसे बुरा है, जो हो सकता है। यदि आपको सबसे बुरे को स्वीकार करने के लिए विवश किया जाता है, तो यह सबसे निचला स्तर है, जहाँ तक आप जा सकते हैं और सौदा पक्का कर सकते हैं। इसे 'पीछे हटने की अंतिम स्थिति' कहा जाता है, हालाँकि यह आपको क़तई पसंद नहीं है, लेकिन आप इस स्तर तक नीचे आने को तैयार रहते हैं। यह सबसे निचला स्तर है, जिसके बाद आप वहाँ से उठकर चल देंगे। इस स्तर के नीचे आप किसी हालत में सौदा नहीं करेंगे। आप पूरी तरह तैयार रहें, इसके लिए पहले से ही स्पष्टता से तय कर लें कि आप कितना न्यूनतम स्वीकार करेंगे।

शिखर (या न्यूनतम स्तर) से शुरुआत करें

आप किसी सौदेबाज़ी में मोल-भाव कहाँ से शुरू करते हैं? आप अपने सर्वश्रेष्ठ परिणाम से थोड़ा ऊपर से शुरू करते हैं। आपको आगे चलकर रियायतें देनी पड़ सकती हैं और थोड़े निचले स्तर पर सौदा पक्का करना पड़ सकता है, लेकिन हमेशा उस सर्वश्रेष्ठ स्तर से शुरुआत करें, जिसे आप हासिल करना चाहते हैं।

श्रम सौदेबाज़ इस तकनीक का इस्तेमाल करने के लिए मशहूर हैं। यूनियन अनुबंध पर होने वाली सौदेबाज़ियों में सौदेबाज़ 50 प्रतिशत वार्षिक वेतन वृद्धि की माँग से शुरू करता है। इसके साथ ही वह चिकित्सा भत्ते, पेंशन और अन्य लाभों को बेहतर बनाने की माँग भी रखता है। वे यह प्रस्ताव यूनियन के नए अनुबंध की न्यूनतम माँग के रूप में सामने रखते हैं।

जब सौदेबाज़ी ख़त्म होती है, तो वे दो साल तक 5 प्रतिशत वेतन वृद्धि स्वीकार कर लेते हैं, जबकि चिकित्सा या पेंशन योजनाओं में कोई बेहतरी नहीं होती है, फिर वे लौटकर अपने सदस्यों को बताते हैं कि उन्होंने कितनी बड़ी जीत हासिल कर ली है।

पहले से ही अपने सर्वश्रेष्ठ, मध्यम और सबसे बुरे स्तरों के बारे में अच्छी तरह सोच लें, ताकि आप इस बारे में पूरी तरह स्पष्ट रहें कि आप क्या चाहते हैं और आप क्या स्वीकार नहीं करेंगे। फिर अपने आदर्श परिणाम से शुरू करें और वहाँ से सौदेबाज़ी में नीचे या ऊपर जाएँ।

11

हार्वर्ड का सौदेबाज़ी प्रोजेक्ट

हार्वर्ड के प्रोफ़ेसरों ने हज़ारों छोटी-बड़ी सौदेबाज़ियों का अध्ययन किया है, व्यवसाय में भी और राष्ट्रीय तथा अंतरराष्ट्रीय राजनीति में भी। इसमें उन्होंने सफल सौदेबाज़ी के चार अहम तत्वों का पता लगाया है। (पूरा हार्वर्ड नेगोशिएशन प्रोजेक्ट रोज़र फ़िशर, विलियम यूरी और ब्रूस पैटन द्वारा लिखित पुस्तक *गेटिंग टु यस : निगोशिएटिंग एग्रीमेंट विदाउट गिविंग इन* में बताया गया है।)

1. *लोग।* सफल सौदेबाज़ी की एक कुंजी यह है कि आप लोगों के व्यक्तित्व को सामने मौजूद समस्या और मुद्‌दों से अलग कर दें। भावहीन रहें। अपना दिमाग़ और आँखें सौदेबाज़ी के विषय पर केंद्रित रखें। सकारात्मक या नकारात्मक व्यक्तित्वों की वजह से कभी ना भटकें।
2. *हित।* सौदेबाज़ी में विभिन्न पक्षों के हित या आवश्यकताएँ क्या हैं, उन्हें स्पष्टता से पहचानने के बाद ही सौदेबाज़ी शुरू करें। आप क्या चाहते हैं, इसकी सूची बनाने से पहले उन परिणामों की सूची लिखें, जिन्हें आप हासिल करने की कोशिश

कर रहे हैं, फिर निर्णय लें कि अपने लक्ष्य हासिल करने के लिए आपको सौदेबाज़ी में क्या हासिल करना होगा।

विभिन्न पक्षों के साथ बैठने से पहले और इसके दौरान भी पूरी तरह स्पष्ट रहें कि सामने वाला पक्ष इस सौदेबाज़ी से क्या चाहता है और उसे क्या हासिल करने की ज़रूरत है। उससे पूछें, "यदि यह चर्चा आदर्श हो, तो आपके हिसाब से हम अंत में कौन सा परिणाम हासिल करेंगे?"

3. *विकल्प।* विभिन्न मुद्‌दों पर बहस करने से पहले असहमति के क्षेत्रों में कई विकल्प तैयार करें। कई संभावनाओं के बारे में सोचें। वैकल्पिक नीतियाँ उजागर करने के लिए विचारमंथन के तरीक़ों का इस्तेमाल करें। आप माइंड मैप, व्हाइटबोर्ड या फ्लिपचार्ट का इस्तेमाल भी कर सकते हैं।

4. *मापदंड।* इन्हें अक्सर 'सीमा शर्तें' कहा जाता है। सौदेबाज़ी करने से पहले परिणाम या निष्कर्ष को निष्पक्ष मापदंडों पर आधारित करने के लिए सहमत हों। आप यह निर्णय कैसे लेंगे कि आपने दोनों पक्षों के लिए एक अच्छा और आदर्श समझौता कर लिया है? आप किससे बचने, किसे हासिल करने या किसे सुरक्षित रखने की कोशिश कर रहे हैं?

एक बार जब आप दोनों स्पष्ट हो जाते हैं कि दोनों पक्षों को ख़ुश करने के लिए आपको सौदेबाज़ी में क्या हासिल करने की ज़रूरत है, तो फिर इस मनचाहे अंतिम परिणाम से विविध विकल्पों व निष्कर्षों की तुलना करें। आप कहते हैं, "एक अच्छा सौदा *इस* शर्त को पूरा करेगा। इससे हमें *यह* परिणाम मिलेगा। यह *इस* लक्ष्य को हासिल करेगा।" दूसरे शब्दों में, आप बताते हैं कि अच्छा सौदा कैसा दिखेगा, आपके लिए भी और सामने वाले पक्ष के लिए भी।

आख़िरकार, आप उन हितों और आवश्यकताओं की पूर्ति करने के विभिन्न तरीक़ों पर बातचीत करते हैं, जो आपके द्वारा निर्धारित निष्पक्ष मापदंडों या सीमा शर्तों को पूरा करते हैं।

यह सौदेबाज़ी की एक शक्तिशाली प्रक्रिया है, जो लोगों के दिमाग़ को पूरी तरह उद्‌देश्यों पर केंद्रित रखती है और उन्हें व्यक्तित्वों व सतही मुद्‌दों की वजह से भटकने नहीं देती।

12

तैयारी ही कुंजी है

तैयारी पेशेवर सौदेबाज़ की सच्ची निशानी है। सौदेबाज़ी की 80 प्रतिशत या इससे भी ज़्यादा सफलता इस बात पर निर्भर करती है कि आपने पहली बातचीत होने से पहले कितनी अच्छी तैयारी की है।

सबसे पहले तो विषय पर विचार करें : आप किसके बारे में बात करने वाले हैं? इस सौदेबाज़ी का उद्देश्य क्या है? स्पष्टता से परिभाषित करें कि आप क्या हासिल करना चाहते हैं और कौन से मुद्दे मेज़ पर हैं?

इस सौदेबाज़ी में आपके उद्देश्य या लक्ष्य क्या हैं? जब आप बातचीत करने जाते हैं, तो आप क्या हासिल करना चाहते हैं? अपने लक्ष्यों के बारे में आप जितने ज़्यादा स्पष्ट होते हैं, आप उतनी ही तेज़ी से उन्हें हासिल करेंगे और सामने वाले पक्ष को उन्हें बताना उतना ही ज़्यादा आसान होगा।

विकल्प का मतलब है स्वतंत्रता

विकल्प होना किसी भी सौदेबाज़ी में सर्वश्रेष्ठ सौदा दिलाने में आपका सबसे अच्छा मित्र हो सकता है। आपके पास जितने ज़्यादा विकल्प होते

हैं, आप सर्वश्रेष्ठ निर्णय लेने के लिए उतने ही ज़्यादा स्वतंत्र होते हैं। किसी सौदेबाज़ी में आपके पास उतनी ही स्वतंत्रता होती है, जितने अच्छे विकल्प आपके पास होते हैं।

अगर आपने पहले से विकल्प तैयार नहीं किए हैं, तो किसी सौदेबाज़ी में आपके पास बस यही विकल्प रहता है कि आप सामने वाले की बात मान लें, लेकिन अगर आपके पास बहुत से विकल्प हैं या विभिन्न मार्ग हैं, जिन पर आप जा सकते हैं, तो फिर आपके पास बहुत ज़्यादा शक्ति होगी और आप मोलभाव करने की लाभकारी स्थिति में होंगे। ज़्यादा से ज़्यादा विकल्प तैयार करें और उन्हें काग़ज़ पर लिख लें। सौदेबाज़ी शुरू होने से पहले सावधानी से उन पर विचार करें।

लगातार ज़्यादा विकल्प सोचते रहें

जिस प्रॉडक्ट या सेवा पर बातचीत हो रही है, उसके अन्य स्रोत खोजने के लिए होमवर्क और शोध करें। पता लगाएँ कि इसके लिए कितना भुगतान देना उचित रहेगा और डिलिवरी का समय या तारीख़ क्या हो सकती है। जब आपके पास बहुत सारे विकल्प होते हैं, तो आप शांत और तनावरहित होकर सौदेबाज़ी करने जा सकते हैं, जिससे आपको पूरी सौदेबाज़ी में उदासीनता की शक्ति का लाभ लेने की अनुमति मिलती है। जब आपके पास बहुत से अच्छे विकल्प होते हैं, तो आप सामने वाले की शर्तों को स्वीकार या अस्वीकार करने के लिए स्वतंत्र होते हैं। इसके फलस्वरूप आपको हमेशा बेहतर सौदा मिलेगा।

ज़्यादा से ज़्यादा जानकारी हासिल करें

तैयारी का एक अहम हिस्सा उन लोगों के बारे में जानकारी हासिल करना है, जिनके साथ आप सौदेबाज़ी कर रहे हैं। आज किसी की जानकारी हासिल करने का सबसे अच्छा साधन है इंटरनेट, ख़ासतौर पर गूगल।

यह आश्चर्यजनक है कि माउस को दो-तीन बार क्लिक करके ही आप कितना कुछ पता लगा सकते हैं।

अक्सर आप किसी ऐसे व्यक्ति को जानते होंगे, जिसने इन लोगों के साथ सौदेबाज़ी की है या कारोबार किया है। उसे फ़ोन करें, अपनी स्थिति बताएँ और सलाह माँगें। कई बार तो एक अच्छी सलाह या जानकारी से ही आपको आगामी सौदेबाज़ी में लाभ मिल सकता है।

लोगों को फ़ोन करें

मेरा एक मित्र एक उत्पादन कंपनी ख़रीदने की सोच रहा था। इस कंपनी की प्रॉडक्ट लाइन उसकी कंपनी के लिहाज़ से आदर्श थी। दूसरी कंपनी का मालिक बदले में लाखों डॉलर माँग रहा था, साथ ही ख़रीदारी के बाद कठोर शर्तें भी लाद रहा था।

मेरे मित्र ने अपने बैंकर को फ़ोन करके पूछा कि क्या वह उस कंपनी मालिक के बैंक में किसी को जानता है। जैसा आमतौर पर होता है, बैंकर दूसरे बैंकरों को जानते हैं और उसने कंपनी बेचने वाले के बैंकर को फ़ोन किया। उसे गोपनीय रूप से यह पता चला कि कंपनी गंभीर वित्तीय मुश्किल में थी। अगर इसे कुछ ही दिनों के भीतर ख़रीदार या नई पूँजी का स्रोत नहीं मिला, तो बैंक कंपनी पर ताले लगा देगा।

इस जानकारी की मदद से मेरा मित्र कंपनी के अत्यधिक माँग करने वाले दबंग मालिक के साथ सौदेबाज़ी में एक बेहतरीन सौदा करने में कामयाब हो गया। उसने एक भी पैसा दिए बिना पूरी कंपनी ख़रीद ली। बस उसे मौजूदा कर्ज़ अपने नाम पर कराना पड़ा। अनुबंध में मालिक को लंबे समय तक क़िस्तों में भुगतान करने का प्रावधान था, जो उसी कंपनी के मुनाफ़े से होना था।

मान्यताओं पर प्रश्न करें

पीटर ड्रकर ने लिखा था कि "ग़लत मान्यताएँ हर असफलता की जड़ में होती हैं।"

ग़लत मान्यताएँ किसी सौदेबाज़ी में असहमति और ग़लतफ़हमियों के मुख्य कारणों में से एक होती हैं। किसी सौदेबाज़ी में ज़्यादातर समय तो ग़लत मान्यताओं को सुलझाने में ही लगता है।

सौदेबाज़ी शुरू करने से पहले पूछें, "मेरी मान्यताएँ क्या हैं?" ज़्यादा स्पष्ट तौर पर : आपकी *स्पष्ट* मान्यताएँ क्या हैं? आपकी *छिपी* हुई मान्यताएँ क्या हैं? सामने वाले पक्ष की स्पष्ट और छिपी हुई मान्यताएँ क्या हैं? क्या सामने वाला यह मानकर चल रहा है कि आप वाक़ई यह समझौता करना चाहते हैं? क्या वह यह मानकर चल रहा है कि आप उदासीन, मित्रतापूर्ण या शत्रुतापूर्ण हैं? क्या वह यह मानकर चल रहा है कि आप अच्छे इंसान हैं या मुश्किल इंसान हैं?

अपनी मान्यताओं का परीक्षण करें

सबसे बढ़कर, क्या आपकी मान्यताएँ ग़लत हो सकती हैं? अगर वे ग़लत निकलीं, तो क्या होगा? अगर इस सौदेबाज़ी से संबंधित आपकी मुख्य मान्यताएँ ग़लत हों, तो आप अपनी माँगों या स्थिति को किस तरह बदलेंगे?

किसी सौदेबाज़ी में जाते समय हमारे मन में एक मान्यता यह होती है कि सामने वाला पक्ष सचमुच सौदा करना चाहता है। कई बार ऐसा नहीं होता है। हो सकता है कि सामने वाला आपके साथ सिर्फ़ इसलिए सौदेबाज़ी कर रहा हो, ताकि जिस पक्ष से वह सचमुच सौदा करना चाहता है, उसके साथ अपनी सौदेबाज़ी की स्थिति को बेहतर बना सके। वह तो किसी दूसरे मनचाहे व्यक्ति के साथ मनचाहा सौदा करने से पहले यह पता लगाना चाहता है कि आपसे सौदेबाज़ी में उसे कौन सा सर्वश्रेष्ठ सौदा मिल सकता है।

इसलिए सौदेबाज़ी के विवरणों में जाने से पहले इस बारे में सोचें कि आप एक दूसरे की मान्यताओं को किस तरह स्पष्ट कर सकते हैं।

मुख्य मुद्दों को पहचानें

अंत में, सौदेबाज़ी की तैयारी करते समय पूछें, मुख्य मुद्दे क्या हैं? हमारी इच्छाओं या आवश्यकताओं में कहाँ भिन्नता है? किन क्षेत्रों में टकराव या असहमति है? किन विवरणों पर बातचीत करने और सुलझाने की ज़रूरत है?

आप किसी सौदेबाज़ी से पहले जितनी सावधानी से तैयारी करेंगे, आपके पास उतनी ही ज़्यादा शक्ति होगी और आपको उतना ही बेहतर सौदा मिलेगा। तैयारी की कुंजी अच्छा होमवर्क करना है। तथ्य हासिल करें। मान्यता वाले तथ्य नहीं, असली तथ्य हासिल करें। ज्ञान ही शक्ति है।

13

अपनी और उनकी स्थिति स्पष्ट करें

आपकी स्थितियाँ शुरुआती बिंदु हैं। इनमें यह शामिल है कि आप कहाँ से आ रहे हैं, आप कहाँ जा रहे हैं और आप कितना ज़्यादा या कितना कम स्वीकार कर सकते हैं या करेंगे। ये आपके मापदंड या आपकी 'सीमा शर्तें' हैं, जैसा कि हार्वर्ड नेगोशिएशन प्रोजेक्ट वाले अध्याय में बताया गया है। ये वे अवरोध, सीमाएँ और घटक हैं, जिन्हें आपको समझौते में सुलझाना होगा।

आपकी स्थिति में आपके सर्वश्रेष्ठ और सबसे बुरे परिणाम तो शामिल हैं ही, इसमें भाव और शर्तों का न्यूनतम व अधिकतम दायरा भी है, जिन्हें आप समझौते पर पहुँचने के लिए स्वीकार कर सकते हैं।

स्पष्टता ही शहंशाह है

सफल सौदेबाज़ी के लिए आपकी अनिवार्य शर्तें क्या हैं? इस प्रक्रिया से आपको क्या मिलना चाहिए, ताकि आपके लिए यह सार्थक हो? वे सबसे महत्त्वपूर्ण चीज़ें कौन सी हैं, जिन्हें आप किसी हाल में नहीं छोड़ेंगे? अपनी

बुनियादी चीज़ें पाने के लिए आप कौन सी बातें मानने या रियायतें देने को तैयार हैं?

आप किस तरह की संबद्ध रियायत माँग सकते हैं या दे सकते हैं? नियम यह है कि सौदेबाज़ी में बदले में रियायत माँगे बिना कभी कोई रियायत ना दें। अगर आप बदले में कुछ माँगे बिना सौदेबाज़ी में कोई रियायत देते हैं, तो सामने वाला पक्ष इसे आपकी कमज़ोरी समझेगा और इसके बाद आपसे अतिरिक्त रियायतें माँगने लगेगा।

जानें कि आप किससे सौदा कर रहे हैं

सामने वाले पक्ष की अनिवार्य इच्छाएँ या अपेक्षित परिणाम क्या हैं? सामने वाले के न्यूनतम और अधिकतम का पता लगाने तथा उन पर विचार करने के लिए हरसंभव चीज़ करें। इस सौदेबाज़ी में वे अनिवार्य रूप से क्या हासिल करना या पाना चाहते होंगे?

कुछ समय पहले मैंने ऑफ़िस की एक जगह लीज़ पर लेने की सौदेबाज़ी की। सौदेबाज़ी से पहले के विश्लेषण में थोड़े शोध के बाद मुझे पता चला कि मालिक वह जगह निश्चित शर्तों पर ही लीज़ पर दे सकता था। उसे लीज़ अनुबंध में निश्चित राशि चाहिए रहती थी, वरना मॉर्टगेज-धारक इसका अनुमोदन नहीं करता था। यह जानकारी मिलने के बाद मैं समझ गया कि मालिक के पास निश्चित दायरों के भीतर ही रियायतें देने का अधिकार था।

लीज़ अनुबंध के कई घटकों पर मकान मालिक सौदेबाज़ी कर सकता था, लेकिन बुनियादी किराये पर मॉर्टगेज-धारक का नियंत्रण था। मैं इमारत के मालिक से फ़्री रेंट की राशि, पार्किंग आदि पर बात कर सकता था, लेकिन किराये में न्यूनतम निश्चित राशि दिए बिना अनुमोदन संभव नहीं था।

मैं यह भी जानता था कि इमारत के मालिक के सामने कुछ वित्तीय मुश्किलें थीं और इसका मालिक बने रहने के लिए उसे जल्दी ही 80

प्रतिशत से ज़्यादा इमारत लीज़ पर देने की ज़रूरत थी। मकान मालिक की अनिवार्य आवश्यकताओं का पता चलने की वजह से ही यह संभव हुआ कि मैं किरायेदार के सुधारों, सामान्य क्षेत्र के व्ययों और अपने स्टाफ़ की पार्किंग के लिए ज़्यादा बेहतर सौदा करने में कामयाब हुआ।

स्थिति को उलटना

किसी भी सौदेबाज़ी के परिणामों को बेहतर बनाने के सर्वश्रेष्ठ तरीक़ों में से एक यह है कि आप अपने विरोधी की तरफ़ से मुकदमा या दलील तैयार करें। इसके बाद ही अपना ख़ुद का मुकदमा या दलील तैयार करें।

लॉ कॉलेज में विद्यार्थियों को सिखाया जाता है कि मुकदमे के तथ्यों के आधार पर विरोधी पक्ष की तरफ़ से एक पूरी दलील तैयार करें, मानो वे सामने वाले पक्ष के लिए काम कर रहे हों। सामने वाले पक्ष की दलील तैयार करने के बाद ही वे अपनी दलील तैयार करते हैं।

इस अभ्यास से महत्त्वाकांक्षी वकील या सौदेबाज़ को ईमानदारी और निष्पक्षता से सौदेबाज़ी में विरोधी की शक्तियों व कमज़ोरियों पर सोचने का मौक़ा मिल जाता है। इस तकनीक से आपको भी सामने वाले की स्थिति के बारे में बेहतर दृष्टिकोण मिल सकता है। इससे आपको यह भाँपने की क्षमता मिलेगी कि उसके क्या माँगने की संभावना है और उसके तर्कों में कितना दम है।

शुरू करने से पहले हमेशा स्थिति को उलट लें। ख़ुद को सामने वाले पक्ष की जगह पर रखकर देखें। कल्पना करें कि आप सामने वाले की जगह पर हैं और इस सौदेबाज़ी में आप सर्वश्रेष्ठ संभव सौदा पाना चाहते हैं। अगर आप सामने वाले की जगह पर होते, तो आप क्या माँगते? आपकी स्थिति की शक्तियाँ और कमज़ोरियाँ क्या हैं? क्या ज़्यादा महत्त्वपूर्ण है और क्या कम महत्त्वपूर्ण है?

लीज़ पर सौदेबाज़ी से सबक़

जब मैं ऑफ़िस की एक नई लीज़ की सौदेबाज़ी कर रहा था, तो इमारत का मालिक मुश्किल और माँग करने वाला था।

मेरी कमज़ोरी यह थी कि मैं अपने वर्तमान ऑफ़िस में रहना चाहता था, लेकिन पाँच साल की लीज़ का बंधन नहीं चाहता था। आवश्यकता पड़ने पर मैं ज़्यादा बड़ी जगह पर जाने या कम जगह लेने का विकल्प चाहता था।

सौदेबाज़ी से पहले मैं एक काग़ज़ लेकर बैठा और मैंने हर वह चीज़ लिख ली, जो मेरे हिसाब से इमारत का मालिक माँग सकता था। मेरी सूची में लगभग बीस बिंदु थे, फिर मैंने एक और काग़ज़ पर सौदेबाज़ी का अपना ख़ुद का हिस्सा तैयार कर लिया।

आज तक मैं थोड़े आश्चर्य में पलटकर देखता हूँ कि पहले से उसकी स्थिति के बारे में सोचने से मुझे सौदेबाज़ी में कितना अच्छा सौदा मिल गया। नतीजा यह हुआ कि बातचीत में कई घंटे नहीं लगे, जैसी उम्मीद थी। हमने लगभग तीस मिनट में ही सारे मुद्दे सुलझा लिए।

पहले से पूरी तरह सोचें

मैंने जहाँ भी इस तकनीक का इस्तेमाल किया है, हर सौदेबाज़ी में परिणाम वही रहे हैं। मुझे हमेशा अपने लिए बेहतर सौदा मिला है और हम दोनों के लिए ही परस्पर लाभ की स्थिति बनी है। याद रखें कि सौदेबाज़ी में हर पक्ष के लिए कुछ मुद्दे बेहद महत्त्वपूर्ण होते हैं और बाक़ी मुद्दे मध्यम से कम महत्त्व के होते हैं। सौदेबाज़ी इसलिए सफल होती है, क्योंकि दोनों पक्ष अपने सबसे महत्त्वपूर्ण लक्ष्य हासिल कर लेते हैं और कम महत्त्वपूर्ण लक्ष्यों पर समझौता कर लेते हैं। शुरू करने से पहले काग़ज़ पर ये छोटे-बड़े लक्ष्य लिखने का नतीजा यह होगा कि आप ज़्यादा स्पष्टता से सोच पाएँगे, ज़्यादा प्रभावी ढंग से सौदेबाज़ी कर पाएँगे और बेहतर सौदा हासिल कर पाएँगे।

सबके लिए आदर्श परिणाम

कुछ साल पहले मैं न्यू यॉर्क तक हवाई जहाज़ से जाने की तैयारी कर रहा था। मैं एक ऐसे अनुबंध की सौदेबाज़ी करने जा रहा था, जिसके फलस्वरूप मुझे लाखों डॉलरों की आमदनी होने की संभावना थी। मैं एक काग़ज़ लेकर बैठा और मैंने सटीकता से लिखा कि मेरे लिए आदर्श समाधान क्या होगा।

हमने इस अनुबंध की शर्तों पर सौदेबाज़ी करने के लिए एक पूरा दिन अलग रखा था, लेकिन अनुबंध से शुरू करने के बजाय मैंने सामने वालों से पूछा, “अगर यह विचार-विमर्श पूरी तरह से सफल हो जाए, तो आपके लिए आदर्श परिणाम क्या होगा?”

वे इस प्रश्न से थोड़े चौंके ज़रूर, लेकिन उन्होंने ईमानदारी से जवाब दिया कि यदि इस अनुबंध का विचार-विमर्श आदर्श तरीक़े से हो जाए, तो यह इस भाव पर हो (जो उन्होंने बता दिया) और इन शर्तों पर हो। यह उनके लिए आदर्श था और उनके हिसाब से मेरे लिए भी आदर्श था।

बदले में मैंने उन्हें बताया कि मेरे लिए आदर्श परिणाम क्या होगा, जो सौदेबाज़ी के उनके लक्ष्य से ज़्यादा दूर नहीं था। हम जल्दी ही छोटे-छोटे सारे विवरणों पर सहमत हो गए और फिर हमने बड़े मुद्दों को अंतिम रूप दे दिया। आठ घंटों के बजाय पूरे विचार-विमर्श में दो घंटे से भी कम समय लगा और अंत में हर व्यक्ति ख़ुश तथा संतुष्ट था।

14

चार का नियम

सरल और जटिल सभी तरह की हज़ारों सौदेबाज़ियों की समीक्षा करने के बाद हम इस नतीजे पर पहुँचे हैं कि किसी भी सौदेबाज़ी में आमतौर पर सिर्फ़ चार ही मुख्य मुद्‌दे होते हैं, जिन पर निर्णय लेना होता है। कई छोटे-छोटे मुद्‌दे तो होंगे, लेकिन आमतौर पर मुख्य मुद्‌दे सिर्फ़ चार ही होते हैं। कभी-कभार मुख्य मुद्‌दे एक, दो, तीन या पाँच भी हो सकते हैं, लेकिन यह नियम कहता है कि आमतौर पर चार होते हैं। आपका काम अच्छी तरह सोचकर यह पहचानना है कि ये चार मुद्‌दे क्या हो सकते हैं, आपके लिए भी और सामने वाले पक्ष के लिए भी। इसके बाद आपको यह पता लगाना है कि आप उनसे प्रभावी ढंग से निपटने के लिए क्या कर सकते हैं।

एक *मुख्य* मुद्‌दा होगा, जो व्यक्ति के लिए सबसे महत्त्वपूर्ण होता है और तीन *गौण* मुद्‌दे होंगे, जिनमें से प्रत्येक महत्त्वपूर्ण तो होता है, लेकिन मुख्य मुद्‌दे जितना महत्त्वपूर्ण नहीं होता।

मिसाल के तौर पर, जब आप कोई मकान ख़रीदते हैं, तो आपकी पहली चिंता मकान स्वयं होगा - इसका हुलिया, सुंदरता और स्थिति,

फिर आप भाव, फ़ाइनैंसिंग और शर्तों की चिंता करेंगे। आप इस पर ध्यान देंगे कि ख़रीदारी में क्या शामिल है, आप मकान का क़ब्ज़ा कब ले सकते हैं और अन्य विवरण। एक और उदाहरण देखें। जब आप कोई नई कार ख़रीदने जाते हैं, तो आपका मुख्य मुद्दा आमतौर पर कार का मॉडल, रंग और आकार होता है। चूँकि वही कार एक से ज़्यादा डीलरों के यहाँ से ख़रीदी जा सकती है, इसलिए जिन विषयों पर सौदेबाज़ी होगी, वे हैं भाव, पुरानी कार का मूल्य, एक्सेसरीज़ यानी अतिरिक्त सामान और/या भुगतान की शर्तें। एक बार जब आप किसी ख़ास कार को चुन लेते हैं, तो आपका बुनियादी मुद्दा शायद कार का कुल मूल्य होगा, फिर आप अपनी विद्यमान कार के बदले में मिलने वाली क़ीमत, एक्सेसरीज़ और ब्याज दर तथा भुगतान की शर्तों पर सौदेबाज़ी करेंगे।

सौदेबाज़ी में गतिरोध

किसी सौदेबाज़ी में हर पक्ष के लिए एक मुद्दा सबसे बड़ा और महत्त्वपूर्ण होता है, जो दूसरे पक्ष से अलग होता है। अगर दोनों ही पक्षों के लिए एक ही मुद्दा सबसे महत्त्वपूर्ण हो, तो सौदेबाज़ी करना या किसी समझौते पर पहुँचना बेहद मुश्किल हो जाता है।

मिसाल के तौर पर, मध्य पूर्व में 1947 से इज़राइल और फिलिस्तीनियों के बीच सौदेबाज़ी हो रही है। दोनों पक्षों के लिए मुख्य मुद्दा इज़राइल की भूमि और इज़राइल राज्य का अस्तित्व है। इज़राइल वालों के लिए सबसे बड़ा मुद्दा उनके राज्य का सतत अस्तित्व क़ायम रखना है। फिलिस्तीनियों के लिए सबसे बड़ा मुद्दा इज़राइल राज्य का उन्मूलन है। जब तक दोनों पक्षों के लिए बुनियादी स्थितियाँ यही बनी रहती हैं, तब तक सौदेबाज़ी भले ही दशकों तक चलती रहे, कोई समाधान संभव नहीं है।

आपका बुनियादी मुद्दा

चार का नियम किसी सौदेबाज़ी में एक ज़बर्दस्त मानसिक साधन है। इससे आप ज़्यादा स्पष्ट होते हैं। अपने बुनियादी मुद्दे और सामने वाले पक्ष के बुनियादी मुद्दे को पहचानने से आपको अक्सर परस्पर लाभ के समझौते का रास्ता दिख जाता है, जहाँ दोनों ही पक्ष वह सबसे महत्त्वपूर्ण चीज़ हासिल कर सकते हैं, जिसे वे सौदेबाज़ी से चाहते हैं, फिर आप सौदेबाज़ी करके छोटे मुद्दों पर समझौता कर सकते हैं।

चार के नियम के बारे में एक अंतिम बिंदु है। दोनों पक्षों के बड़े मुद्दों पर सबसे आख़िर में सहमति होती है। सौदेबाज़ी में 20/80 का नियम लागू होता है। सौदेबाज़ी के आख़िरी 20 प्रतिशत हिस्से में 80 प्रतिशत सबसे महत्त्वपूर्ण मुद्दों पर चर्चा की जाती है।

ग़ैर-विवादास्पद मुद्दों पर सहमत हो जाएँ

पहले मैंने एक रियल एस्टेट सौदेबाज़ी का वर्णन किया था, जिसमें बावन परिवर्तनों वाला लंबा विकास अनुबंध शामिल था। मैंने इस तरह की सहमति पर सौदेबाज़ी करने में एक बहुत प्रभावी तकनीक या युक्ति खोजी है : पूरे अनुबंध को पढ़ें। पहले पेज से आख़िरी पेज तक पूरा पढ़ें। जहाँ राय या इच्छा की भिन्नता हो सकती है, उस हर अनुच्छेद, शर्त और मुद्दे पर चर्चा करें।

आप पाएँगे कि आप और सामने वाला पक्ष किसी अनुबंध की 80 प्रतिशत शर्तों पर काफ़ी हद तक सहमत होंगे, चाहे अनुबंध कितना ही बड़ा हो। जब आप किसी ऐसी शर्त पर आते हैं, जहाँ मतभेद हो, तो इसे हाल-फ़िलहाल अलग रखने के लिए सहमत हो जाएँ और अगले अनुच्छेद या शर्त पर पहुँच जाएँ, जिस पर कोई असहमति ना हो। जब आप इस तरह अनुबंध को पूरा पढ़ लें, तो दोबारा अनुबंध के पहले पन्ने पर पहुँचें। अब असहमति वाले मुद्दों को दोबारा पढ़ें। दूसरी बार

पढ़ने पर आप इन मुद्दों को मानने, समझौता करने और लेन-देन करने के तरीक़े खोजने लगेंगे, लेकिन इसके बाद भी कई मुद्दे नहीं सुलझ पाएँगे।

फिर आप तीसरी बार अनुबंध के अनसुलझे मुद्दों को पढ़ते हैं और यदि आवश्यक हो, तो चौथी बार। एक समय ऐसा आएगा, जब आपके पास 'अंतिम चार' मुद्दे ही बचेंगे, जिनमें से एक मुख्य मुद्दा और बाक़ी के तीन गौण मुद्दे होंगे। अब आप थोड़ी गंभीर सौदेबाज़ी करने के लिए तैयार हैं।

रोज़गार की शर्तें

किसी नई नौकरी के लिए आवेदन में वेतन और लाभों के लिए आप कितनी अच्छी सौदेबाज़ी करते हैं, उसका इस बात पर बहुत प्रभाव पड़ सकता है कि आप आने वाले वर्षों में उस नौकरी में कितना कमाते हैं और कितने ख़ुश रहते हैं।

ज़्यादातर लोग यह सोचकर शुरू करते हैं कि उनकी बुनियादी चिंता शुरू से ही ज़्यादा से ज़्यादा वेतन पाना है, लेकिन इस बारे में कई कंपनियों की सीमाएँ होती हैं कि वे किसी ख़ास पद के लिए कितना वेतन दे सकती हैं। अक्सर, कोई नियोक्ता आपकी वेतन की अपेक्षा पूरी करने में सक्षम नहीं होगा। इस मामले में आप गियर बदलते हैं। आप ज़्यादा लाभों की सौदेबाज़ी करते हैं, जैसे कंपनी की कार, बेहतर स्वास्थ्य योजना, क़ानूनन बाध्यता से ज़्यादा समय की छुट्टी, लचीले कामकाजी घंटे और अन्य महत्त्वपूर्ण निर्णय।

सबसे अच्छी रणनीतियों में से एक यह है कि जब आप समझ जाएँ कि नियोक्ता वेतन के मामले में अडिग रहने वाला है, तो आप इस मामले में उसके प्रस्ताव को मान लें, लेकिन यह स्पष्ट कर लें कि आपको वेतन वृद्धि पाने के लिए क्या करना होगा या क्या हासिल करना होगा।

नियोक्ता को इस बात के लिए राज़ी करना महत्त्वपूर्ण है कि वह नब्बे दिन के भीतर वेतन वृद्धि की समीक्षा करे। यदि आप लिखित निश्चित मापदंड हासिल कर लें, जो संख्या के आधार पर तय किए गए हैं, तो आपको निश्चित राशि की वेतन वृद्धि मिल जाएगी। किसी तरह की नई नौकरी में जाते समय यह सौदेबाज़ी की एक अच्छी रणनीति है।

15

सौदेबाज़ी में संकेतों की शक्ति

इंसान अपने आस-पास के परिवेश से बहुत ज़्यादा प्रभावित होते हैं। वे अपने आस-पास के लोगों और स्थितियों के संकेतों से भी बहुत प्रभावित होते हैं।

आपकी पूरी 95 प्रतिशत सोच, भावनाएँ और निर्णय आपके संकेत आधारित परिवेश से प्रभावित या पूरी तरह नियंत्रित होते हैं। आपका काम यह है कि (1) आप अपने आस-पास के संकेत आधारित प्रभावों के बारे में जागरूक बनें और इस बारे में भी कि उनका आपकी और सामने वाले पक्ष की सोच पर क्या प्रभाव पड़ रहा है, और फिर (2) इन तत्वों को नियंत्रित करने के लिए हरसंभव चीज़ करें।

मिसाल के तौर पर, सौदेबाज़ी की *जगह* को लें। जिस जगह पर सौदेबाज़ी हो रही है, उसका इस बात पर भारी प्रभाव पड़ सकता है कि कौन सी शर्तें तय होती हैं। जब आप किसी दूसरे के ऑफ़िस में होते हैं और सामने वाले के फ़र्नीचर, कर्मचारियों तथा दूसरे तत्वों से घिरे होते हैं, तो आप ख़ुद के लिए अच्छी सौदेबाज़ी करने के लिहाज़ से नुक़सानदेह स्थिति में होते हैं। आप मनोवैज्ञानिक दृष्टि से भी नुक़सान की स्थिति में

होते हैं, क्योंकि आप अपने आरामदेह दायरे के बाहर हैं और सामने वाला अपने आरामदेह दायरे में पूरी दृढ़ता से स्थापित है। सामने वाले के पास ज़्यादा आत्मविश्वास और व्यक्तिगत शक्ति का भाव होगा, जबकि आपमें कम आत्मविश्वास होगा और शक्ति का कमतर भाव होगा।

जगह बदल लें

आप इसे काफ़ी बार देखेंगे कि गंभीर सौदेबाज़ियों में, जैसे श्रम/प्रबंधन संबंधों, राजनीति और ख़ासतौर पर जटिल व्यावसायिक सौदों में दोनों पक्ष किसी अलग जगह पर बातचीत करते हैं, जो तटस्थ है और उन दोनों के ही आरामदेह दायरे के बाहर है। इससे दोनों पक्ष परिवेश के संकेत आधारित प्रभाव के मामले में बराबरी पर पहुँच जाते हैं।

स्थानीय रेस्तराँ में कॉफ़ी या लंच पर किसी मुद्दे पर बातचीत करने की पहल भी सामने वाले के ऑफ़िस, बोर्डरूम या किसी दूसरी जगह पर गंभीर सौदेबाज़ी करने से श्रेष्ठ है, क्योंकि वहाँ उस व्यक्ति के पास मनोवैज्ञानिक लाभ होगा।

व्यक्तित्व की शक्ति

व्यक्तित्व, संकेत आधारित एक और तत्व है। सौदेबाज़ी में सबसे अच्छे प्रकार का व्यक्ति *परानुभूतिपूर्ण, हार्दिक और दोस्ताना* होता है। आप सामने वाले के साथ जितने ज़्यादा आरामदेह महसूस करते हैं, आप सौदेबाज़ी में उसके आग्रहों के प्रति उतने ही ज़्यादा खुले और प्रतिक्रियाशील होंगे। इसका विपरीत भी सच है। आप जितने ज़्यादा मित्रतापूर्ण और सुखद होते हैं, उतनी ही ज़्यादा संभावना होती है कि आपको एक बेहतर सौदा मिल जाएगा, जो आपके औपचारिक तथा कठोर होने की स्थिति में नहीं मिलता।

परानुभूति को शीर्ष सेल्सपीपुल का सबसे बड़ा मनोवैज्ञानिक गुण बताया गया है। जो लोग व्यावसायिक सौदों में दूसरों की मदद करने में

सर्वश्रेष्ठ होते हैं, उनमें बहुत ज़्यादा परानुभूति नज़र आती है। सामने वाला उन्हें पसंद करता है और उनका सम्मान करता है। सामने वाला उनके साथ समझौता करने में आरामदेह महसूस करता है।

मुद्राएँ और बॉडी लैंग्वेज

संकेत आधारित तत्वों में शारीरिक मुद्राएँ और बॉडी लैंग्वेज भी शामिल हैं। यूसीएलए के अल्बर्ट मेहरेबियन के अनुसार, किसी के साथ आपका 55 प्रतिशत संप्रेषण आपकी बॉडी लैंग्वेज के माध्यम से होता है - जिस तरह आप शारीरिक रूप से चलते हैं और सामने वाले के सामने उठते-बैठते हैं।

बैठने की जगह के संदर्भ में बुनियादी नियम यह है कि आप जिसके साथ सौदेबाज़ी कर रहे हों, उसके ठीक सामने ना बैठें। जब आप किसी टेबल या डेस्क पर उसके ठीक सामने बैठते हैं, तो आप स्वतः ही शत्रु के स्थान पर पहुँच जाते हैं। अचेतन संदेश यह होता है कि आप दोनों ही शत्रु हैं और किसी तरह का 'युद्ध करने' वाले हैं। इतने बरसों में मैंने पाया है कि सहमति हासिल करने के लिए गोल मेज़ पर या किटी-कॉर्नर में बैठना कहीं बेहतर स्थितियाँ हैं।

आपके हाथ भी संदेश देते हैं

बॉडी लैंग्वेज के संदर्भ में इस बात का भी संकेत आधारित प्रभाव पड़ता है कि आप अपने हाथ कहाँ रखते हैं और शरीर को किस तरह हिलाते हैं। मिसाल के तौर पर, जब आप अपने हाथ सीने पर बाँध लेते हैं, तो ऐसा लगता है मानो आप सामने वाले के तर्कों से अपनी रक्षा कर रहे हैं और ख़ुद को बंद कर रहे हैं। आप संकेत देते हैं कि आप सामने वाले की बातों को अस्वीकार कर रहे हैं या उससे असहमत हैं।

खुली हथेली खुलेपन, ईमानदारी और संजीदगी के सर्वव्यापी संकेतों में से एक है। जब आप किसी सौदेबाज़ी में अपनी बाँहें खोलकर और

अपनी हथेलियाँ सामने रखकर बैठते हैं, तो आप संकेत देते हैं कि आप जो कह रहे हैं, वह तार्किक है, स्वीकार करने योग्य है, मित्रतापूर्ण है और इससे सामने वाले व्यक्ति को कोई जोखिम नहीं होगा।

जब आप आगे की तरफ़ झुकते हैं, सामने वाले पर क़रीबी ध्यान देते हैं, उसके बोलते समय उसके मुँह की तरफ़ ध्यान केंद्रित करते हैं और सिर हिलाते हैं, तो यह अच्छा रहता है। इस तरह आप एक रुचिवान और ईमानदार व्यक्ति की सकारात्मक, हार्दिक छाप छोड़ते हैं, जो सचमुच ऐसा समझौता खोजना चाहता है, जिससे दोनों ही पक्ष संतुष्ट हो जाएँ।

दूसरे संकेत आधारित तत्व

- *आराम।* अगर आपका भौतिक परिवेश – फ़र्नीचर, प्रकाश व्यवस्था, तापमान – आरामदेह हो, तो सौदेबाज़ी में आप बेहतर सौदा कर सकते हैं।
- *विश्राम या थकान।* आपके प्रभावी ढंग से सौदेबाज़ी करने की ज़्यादा संभावना तब रहती है, जब आपने विचार-विमर्श से पहले अच्छा विश्राम किया हो।
- *भोजन, भूख और प्यास।* जब आप सौदेबाज़ी शुरू करने से पहले अच्छी तरह खा लेते हैं, तो आपका मस्तिष्क अपने सर्वश्रेष्ठ स्तर पर कार्य कर सकता है। यही बात पानी के मामले में भी होती है। मस्तिष्क के लिए सबसे अच्छे आहार वे होते हैं, जिनमें प्रोटीन ज़्यादा हो। ब्रेड, बेकन, सॉसेज, फ़ैट या कार्बोहाइड्रेट से भरी चीज़ों या मांस से बचें, क्योंकि इनकी वजह से आप दोपहर से पहले ही सुस्त महसूस करने लगेंगे। सामने वाले के साथ नाश्ता या भोजन करने के बाद सौदेबाज़ी करना भी एक शक्तिशाली संकेत आधारित तकनीक है। जब भी हम किसी व्यक्ति के साथ खाना खाते हैं, तो हम सामने

वाले के बारे में लगभग हमेशा बेहतर महसूस करते हैं और उस व्यक्ति से ज़्यादा हार्दिक जुड़ाव महसूस करते हैं। जब हम किसी के साथ कुछ करते हैं, तो हम उसे ज़्यादा पसंद करते हैं।

- *आपका नज़रिया।* सौदेबाज़ी में संकेतों की शक्ति का अंतिम तत्व है आपका नज़रिया। किसी सौदेबाज़ी में नकारात्मक नज़रिये के बजाय सकारात्मक नज़रिया - जिसे सामान्य ख़ुशनुमा और आशावाद का अहसास कहा गया है - कहीं ज़्यादा प्रभावी होता है, जिससे आपको मनचाहे परिणाम मिल जाते हैं।

16

विनिमय से राज़ी करना

अपनी पुस्तक *इनफ़्लुएंस* में रॉबर्ट सियाल्डिनी उन घटकों की सूची बताते हैं, जिनका इस बात पर सबसे ज़्यादा प्रभाव पड़ता है कि लोग आपके बारे में किस तरह से सोचते और प्रतिक्रिया करते हैं। उनकी राय में *विनिमय* की शक्ति का सबसे शक्तिशाली प्रभाव पड़ता है। वृहद शोध दर्शाता है कि विनिमय - देना और पाना - सहमति और वादा हासिल करने का सबसे शक्तिशाली तरीक़ा है।

इंसान अपने व्यवहार में दूसरों के साथ *न्यायपूर्ण* होने की प्रवृत्ति रखता है। इसका मतलब है कि जब आप मेरे लिए कुछ करते हैं, तो मैं भी विनिमय करने या बदला चुकाने के लिए बाध्य महसूस करता हूँ। बदले में मैं भी आपके लिए उतने ही या ज़्यादा मूल्य अथवा महत्त्व का कुछ करने के लिए प्रवृत्त होता हूँ। यह सहज और सामान्य मानव इच्छा है। यह सभ्यता का आधार है और अनुबंध के नियम की बुनियाद है, जिसकी वजह से ही सारा व्यापार संभव होता है।

दूसरों के लिए चीज़ें करें

किसी सौदेबाज़ी में इसका यह मतलब है कि जब भी आप दूसरे लोगों के लिए कोई अच्छी चीज़ करते हैं, चाहे यह उनके लिए कुर्सी खींचना हो या अपने हाथ से उन्हें एक कप कॉफ़ी देना हो, तो आप उनके भीतर विनिमय करने की एक अचेतन इच्छा जगा रहे हैं - आपकी भलाई का सकारात्मक बदला चुकाने की इच्छा।

जब भी आप लोगों से उनके जीवन, कामकाज या परिवार के बारे में पूछते हैं और उनके जवाब देते समय सच्ची रुचि से सुनते हैं, तो इससे वे ख़ुद के बारे में ख़ुश महसूस करते हैं।

सुकरात के तरीक़े का इस्तेमाल करें

विनिमय को प्रेरित करने के लिए सुकरात के सौदेबाज़ी के तरीक़े का इस्तेमाल करें। सुकरात ने कहा था, "सबसे पहले तो उन सभी क्षेत्रों पर निर्णय लें, जहाँ आप सहमत हों। इसके बाद ही ज़्यादा विवादास्पद क्षेत्रों की ओर बढ़ें, जहाँ आपकी राय में भिन्नता हो।"

जैसा कि पिछले अध्याय (चार का नियम) में बताया गया है, मैं सलाह देता हूँ कि सौदेबाज़ी या विचार-विमर्श की शुरुआत में आपको एक बार में एक-एक करके हर चीज़ पर बातचीत करनी चाहिए। आप पाएँगे कि हमेशा बहुत सारे ऐसे मुद्दे होते हैं, जिन पर आप दोनों सहमत होते हैं और मान लेते हैं। जब आप दोनों ही बहुत से मुद्दों पर सहमत हो जाते हैं, तो समझौते पर पहुँचने के लिए एक सकारात्मक गति बन जाती है।

चीज़ों को टाल दें

जब भी आप किसी सौदेबाज़ी में विभिन्न मुद्दों पर बात कर रहे हों और आप किसी ऐसे बिंदु पर पहुँचते हैं, जिससे सामने वाला असहमत है या जिसके बारे में वह अडिग है, तो आप तुरंत कहते हैं, "हम इस पर दोबारा लौटते हैं।"

आप किसी विवादास्पद मुद्दे को जितनी तेज़ी से पार करते हैं, सामने वाले व्यक्ति की नकारात्मकता और प्रतिरोध उतना ही कम होगा। आप शुरुआत में जितने ज़्यादा मुद्दों पर सहमत होते हैं, सामने वाले के लिए बाद में दूसरे मुद्दों पर सहमत होना उतना ही ज़्यादा आसान होता है। शुरुआत में चर्चा को सुचारू और आसान बनाने का फ़ायदा यह होगा कि सामने वाला विनिमय करके बाद वाले मुद्दों को सुचारू और आसान बनाना चाहेगा।

किसी सौदेबाज़ी की शुरुआत में लेने वाले के बजाय 'देने वाला' बनें। सामने वाले के साथ सहमत होने के हर तरीक़े की तलाश करें। इस तरह आप सामने वाले व्यक्ति में आपके साथ सहमत होने की इच्छा को ज़्यादा से ज़्यादा प्रेरित कर देंगे।

धीरे-धीरे सहमति दें

आप सौदेबाज़ी की एक और तकनीक का इस्तेमाल कर सकते हैं, भले ही आपको उस ख़ास बिंदु के मामले में कोई समस्याएँ ना हों। आप इस पर धीरे-धीरे, अनिच्छा और सावधानी से सहमति दें। जब आप अनिच्छा जताए बिना फटाक से रियायत दे देते हैं, तो सामने वाला पक्ष यह मान लेता है कि वह मामला आपके लिए महत्त्वहीन है, लेकिन जब आप ऐसा जताते हैं, मानो रियायत महत्त्वपूर्ण है, तो आप सामने वाले तक यह अचेतन संदेश पहुँचा देते हैं कि उसे बाद में विनिमय करना होगा।

न्यायप्रियता का बटन दबाएँ

मानव संबंधों और सौदेबाज़ी के सबसे महत्त्वपूर्ण भावनात्मक सिद्धांतों में से एक न्यायप्रियता का सिद्धांत है। *न्याय* शब्द का ज़्यादा से ज़्यादा इस्तेमाल करें, क्योंकि इससे सामने वाले के मन में सकारात्मक तरीक़े से बदला चुकाने की इच्छा जागती है। इस तरह की बातें कहें, "मैं सोचता हूँ कि यहाँ पर यह करना न्यायपूर्ण होगा," या "इस स्थिति में मुझे यह

न्यायपूर्ण नहीं लगता है।" या, "मैं बस इतना चाहता हूँ कि यह हम दोनों के लिए न्यायपूर्ण हो।" कोई भी न्यायपूर्ण होने की आपकी इच्छा के बारे में कभी बहस नहीं करेगा।

सामने वाले पक्ष से विनिमय करने को कहें

जब आप कई गौण मुद्दों पर सामने वाले की बात अनिच्छा से मान लें, तो फिर आप कह सकते हैं, "देखिए, इन क्षेत्रों में से प्रत्येक में हमने आपके आग्रह मान लिए हैं। अब तक हमने ये सारी चीज़ें छोड़ी हैं और हम आपसे बस यह कह रहे हैं कि आप इन दूसरे क्षेत्रों में हमें थोड़ी रियायत दें-" जो, ज़ाहिर है, आपके लिए सबसे महत्त्वपूर्ण क्षेत्र हैं।

भाव और शर्तें अलग हैं

याद रखें कि किसी सौदेबाज़ी में भाव और शर्तें बिलकुल अलग-अलग होते हैं। आप अपनी उम्मीद से ज़्यादा भाव पर तैयार हो सकते हैं, बशर्ते आपको अपने लिए अनुकूल शर्तें मिल रही हों। आप सामने वाले पक्ष को बता सकते हैं कि आप ज़्यादा भाव देने को तैयार हैं, बशर्ते वह आपको भुगतान की बेहतर शर्तें देकर विनिमय कर दे।

मेरे कुछ दोस्त दस लाख डॉलर की एक जायदाद की सौदेबाज़ी कर रहे थे। जायदाद का बाज़ार मूल्य 6 लाख डॉलर से ज़्यादा नहीं था, लेकिन विक्रेता उसके बदले में दस लाख डॉलर माँग रहे थे, क्योंकि उनके एक क़रीबी व्यक्तिगत मित्र ने उतनी ही ज़मीन उसी साल दस लाख डॉलर में बेची थी। ज़ाहिर है, उस दूसरी ज़मीन की जगह ज़्यादा अच्छी थी, वह विकास के लिए ज़्यादा उपयुक्त थी और ज़्यादा मूल्यवान थी, लेकिन ज़मीन के मालिकों ने ज़ोर दिया कि उन्हें भी उनकी ज़मीन के लिए 10 लाख डॉलर चाहिए, वरना वे इसे किसी सूरत में नहीं बेचेंगे।

आख़िरकार मेरे मित्र उतने पैसे देने के लिए राज़ी हो गए, बशर्ते बेचने वाला उन्हें अच्छी शर्तें दे सके। शर्तें ये थीं कि वे बीस साल में

दस लाख डॉलर चुकाएँगे, बिना ब्याज के हर साल 50,000 डॉलर। जब उन्होंने ज़मीन को अलग-अलग प्लॉटों में विकसित किया और उन्हें बेचा, तो ग्राहकों से पैसा मिलने पर उन्होंने ज़मीन के मालिक का भुगतान बढ़ा दिया।

चूँकि ज़मीन के मालिकों के लिए 10 लाख डॉलर का भाव सबसे महत्त्वपूर्ण चीज़ थी और मेरे मित्रों के लिए शर्तें सबसे महत्त्वपूर्ण चीज़ थीं, इसलिए उनके बीच संतोषजनक समझौता हो पाया, जहाँ दोनों पक्षों को वह सबसे महत्त्वपूर्ण चीज़ मिल गई, जिसे वे उस सौदेबाज़ी में चाहते थे।

जब आप कोई सौदेबाज़ी शुरू करते हैं, तो प्रायः शुरुआत में ऐसा नज़र आएगा कि सहमति पर पहुँचने की कोई गुंजाइश ही नहीं है, लेकिन जब आप अपना ध्यान भाव से हटाते हैं, जो आमतौर पर मुख्य मुद्दा होता है और ख़रीदारी की शर्तों पर केंद्रित करते हैं, तो आप अक्सर परस्पर लाभ का समझौता खोज सकते हैं, जिससे दोनों ही पक्ष ख़ुश हो जाएँ। इतिहास के कुछ सबसे महत्त्वपूर्ण व्यावसायिक सौदे इसी तरह हुए हैं।

17

सामाजिक प्रमाण देकर राज़ी करना

इंसानी सोच पर पड़ने वाले सबसे शक्तिशाली प्रभावों में से एक यह है कि 'मेरे जैसे' दूसरे लोगों ने ऐसी ही स्थिति में क्या किया है। हम दूसरे लोगों के व्यवहार से बहुत ज़्यादा प्रभावित होते हैं, जिनके साथ हम तुलना करते और नाता रखते हैं।

पड़ोसियों की बराबरी करना

मुझे घर-घर जाकर पत्रिका बेचने वाली महिला याद है, जो एक दिन मेरे घर आई। वह दोस्ताना और ख़ुशमिज़ाज थी। उसने अपना परिचय देते हुए कहा, "मैं आपके पड़ोसियों के यहाँ गई हूँ और मैं जिस आम व्यक्ति से बात करती हूँ, वह उन छह पत्रिकाओं को ख़रीदता है, जिन्हें मैं बेचती हूँ। मैंने सोचा कि आप भी इस सूची पर नज़र डालना चाहेंगे।"

जेरी मैग्वायर फ़िल्म के शब्दों में, "उसने *हेलो* में ही मुझे जीत लिया।"

इससे पहले कि हमें इस बारे में सोचने का भी मौक़ा मिले, हमने छह नई पत्रिकाओं की सदस्यता ले ली थी। मुझे नहीं लगता कि हमने कभी पत्रिकाएँ पढ़ी हों, लेकिन उससे क्या? अगर हमारे पड़ोस में हर व्यक्ति इन छह पत्रिकाओं को ख़रीद रहा है, तो हम कैसे इनकार कर सकते थे?

हमारे जैसे लोग

हम पर इस बात का बहुत प्रभाव पड़ता है कि दूसरे लोगों ने क्या किया या ख़रीदा है, ख़ासतौर पर उन लोगों ने, जिन्हें हम रुचियों, पेशे, आमदनी या धार्मिक या राजनीतिक संबद्धता के मामले में अपने जैसा महसूस करते हैं। मान लीजिए, आप किसी के साथ सौदेबाज़ी कर रहे हैं, लेकिन सामने वाला नकारात्मक या रुचिहीन नज़र आता है, फिर आप कहते हैं, "देखिए, मैं आपसे इसलिए बात कर रहा हूँ, क्योंकि आपके भाई ने इनमें से दो मशीनें पिछले ही सप्ताह ख़रीदी थीं।" अचानक सामने वाला लगभग हमेशा तुरंत ख़रीदना चाहता है, सिर्फ़ इस जानकारी की वजह से कि जिस व्यक्ति को वह जानता है, पसंद करता है और सम्मान करता है, उसने वही चीज़ ख़रीदी है या वही समझौता किया है।

सामाजिक प्रमाण इकट्ठा करें

सामने वाले पक्ष की जान-पहचान के लोगों से संबंधित तथ्यों, आँकड़ों, नामों, संख्याओं और प्रमाणों का इस्तेमाल करें। जब आप सामाजिक प्रमाण का इस्तेमाल करते हैं और वही निर्णय लेने वाले दूसरे लोगों का ज़िक्र करते हैं, तो इसका मतलब यह होता है कि आपकी शर्तें और भाव तार्किक हैं।

मिसाल के तौर पर, जब आप कोई नई कार ख़रीदते हैं, तो सेल्सपर्सन अक्सर कहेगा, "यह कार ख़रीदते समय व्यवसाय वाले लोग, ख़ासतौर पर आप जैसे लोग, हमेशा जीपीएस का विकल्प चुनते हैं।"

आपके घुटने जवाब दे जाते हैं, जब सामने वाला आपको बताता है कि 'आप जैसे लोग' पहले ही ख़रीद चुके हैं और एक ख़ास तरह का अनुबंध कर चुके हैं। इससे आपके क़दमों तले की ज़मीन खिसक जाती है और आपका मानसिक व भावनात्मक प्रतिरोध कम हो जाता है।

"ऐसी ही स्थितियों में आप जैसे लोगों" का ज़िक्र करें, जिन्होंने वैसे ही निर्णय लिए और रियायतें दीं। जब आप लगातार वैसे ही अनुबंध करने वाले दूसरे लोगों का हवाला देते हैं, तो आप अपने भाव व शर्तों की तार्किकता और न्यायपूर्णता को प्रमाणित कर देते हैं। यह राज़ी करने का शक्तिशाली उपाय है।

उसी पेशे के लोग

आइए मान लेते हैं कि आप एक डॉक्टर के साथ सौदेबाज़ी कर रहे हैं, जो अपनी प्रैक्टिस के प्रबंधन के लिए एक नया कंप्यूटर और ऑपरेटिंग सिस्टम ख़रीदना चाहता है। जब आप कहते हैं कि उसी क्षेत्र के विशेषज्ञ कई दूसरे डॉक्टर यह सिस्टम पहले ही ख़रीद चुके हैं, तो ख़रीदारी के प्रति उसका प्रतिरोध ग़ायब हो जाता है।

जब भी आप किसी ख़ास शर्त पर सौदेबाज़ी कर रहे हों, जो सामने वाले पक्ष को विवादास्पद लगती है, तो उस व्यक्ति जैसे दूसरे लोगों के उदाहरण दें, जिन्होंने शायद शुरुआत में इस शर्त का प्रतिरोध किया था, लेकिन अंततः इसे मान लिया था। लोग तब ज़्यादा आसानी से रियायत दे देते हैं, जब आप उन्हें बताते हैं कि उनके जैसे दूसरे लोगों ने भी आपको यही रियायत दी थी।

सभी प्रकार की गवाहियों का इस्तेमाल करें

सामाजिक प्रमाण के सबसे शक्तिशाली प्रदर्शनों में से एक यह है कि आप उन लोगों की लिखित गवाही, पत्र या सूचियाँ दिखाएँ, जिन्होंने आपकी बताई शर्तों पर अनुबंध किया है।

कुछ समय पहले मैं एक बड़े परामर्शदात्री और प्रशिक्षण अनुबंध के मामले में एक बड़े बैंक के साथ सौदेबाज़ी कर रहा था। लागत की वजह से निर्णय प्रेसिडेंट तक पहुँच गया। उन्होंने यह संदेश भेजा कि वे अनुबंध करने में आरामदेह नहीं थे, लेकिन अगर मैं उन्हें दूसरे बैंकों के नाम बता सकूँ, जिनके साथ मैंने काम किया था, तो वे शायद अपना मन बदल सकते हैं।

चौबीस घंटों के भीतर मैंने उन्हें दस राष्ट्रीय और अंतरराष्ट्रीय बैंकों की सूची भेज दी, जिनके साथ मैंने पिछले वर्षों में काम किया था। मैंने उन्हें हर बैंक में अपने संपर्क व्यक्तियों के नाम और फ़ोन नंबर भी भेज दिए। सूची देखने के पाँच मिनट के भीतर ही वे तुरंत सहमत हो गए और उन्होंने अनुबंध पर हस्ताक्षर कर दिए। उन्होंने किसी को भी फ़ोन नहीं किया या कोई प्रमाण नहीं माँगा। उन्हें तो बस यह जानने की ज़रूरत थी कि 'उनके जैसे' दूसरे लोगों ने उन सेवाओं का इस्तेमाल किया था, जिनका सुझाव मैं उनके बैंक को दे रहा था।

जो लोग और संगठन उन्हीं शर्तों पर पहले ख़रीद चुके हैं, जब आप उनके नामों के साथ किसी सौदेबाज़ी में जाते हैं, तो इससे बेहतर सौदा पाने की आपकी संभावना बहुत ज़्यादा बढ़ जाती है। यह सफल सौदेबाज़ी के अब तक खोजे गए सबसे शक्तिशाली औज़ारों में से एक है।

18

भाव पर सौदेबाज़ी की युक्तियाँ

अध्याय तीन में हमने सौदेबाज़ी के दो प्रकार बताए थे : अल्पकालीन यानी एक बार की सौदेबाज़ी और दीर्घकालीन व्यावसायिक सौदेबाज़ी। अल्पकालीन सौदेबाज़ी में आपका काम इस पल सबसे अच्छा भाव और शर्तें पाना है। इसमें आपको पता होता है कि आप उस व्यक्ति को दोबारा कभी नहीं देखेंगे या उसके साथ दोबारा कभी काम नहीं करेंगे।

भाव पर सौदेबाज़ी करने की कई युक्तियाँ हैं, जिनका इस्तेमाल करने पर आपको एक बार की ख़रीदारी या बिक्री में बेहतर भाव या सौदा मिल सकता है। सौभाग्य से, ये युक्तियाँ दीर्घकालीन व्यावसायिक सौदेबाज़ी में भी काम करती हैं, जहाँ आप साल दर साल उसी पक्ष के साथ दोबारा सौदेबाज़ी करेंगे।

युक्ति 1 : चौंकना

सामने वाला चाहे जो भाव बताए, *चौंक* जाएँ, मानो आपने अभी-अभी कोई निराशाजनक बात सुनी है। अपने चेहरे पर दुख या दर्द का भाव लाएँ। अपनी आँखें ऊपर घुमाएँ और दोबारा नीचे लाएँ, मानो आपको

भारी दर्द का अनुभव हुआ है। इस तरह की बात कहें, "ओह! यह तो बहुत ज़्यादा है!"

आश्चर्यजनक बात यह है कि कई बार आपके चौंकने भर से ही सामने वाला तुरंत भाव बदल देगा। अगर पहली बार चौंकने से आपको ख़रीदते समय कम भाव मिल जाए या बेचते समय ज़्यादा भाव मिल जाए, तो पूरी सौदेबाज़ी में चौंकने की युक्ति का बार-बार इस्तेमाल करें।

युक्ति 2 : प्रश्न पूछें

पूछें, "क्या यह सबसे अच्छा है, जो आप कर सकते हैं? क्या आप इससे बेहतर कुछ नहीं कर सकते?"

जब आपके भाव पूछने पर सामने वाला भाव बताता है, तो ठहरें, हैरान या सदमे में दिखें और पूछें, "क्या यह सबसे अच्छा है, जो आप कर सकते हैं?" और फिर पूरी तरह ख़ामोश हो जाएँ। यदि कोई लचीलापन है, तो अक्सर सामने वाला या तो भाव कम कर देगा या दूसरी तरह से आपको लाभ पहुँचाएगा।

जब आप प्रश्न पूछते हैं कि क्या यह "सबसे अच्छा है, जो आप कर सकते हैं," और इस पर सामने वाला भाव कम कर दे, तो फिर कहें, "क्या यह सबसे ज़्यादा अच्छा है, जो आप कर सकते हैं?" सबसे कम भाव और सबसे अच्छी शर्तों के लिए दबाव डालते रहें। एक बार फिर यह प्रश्न पूछकर बात को आगे बढ़ाएँ, "क्या आप इससे बेहतर कुछ नहीं कर सकते?" याद रखें, जिन लोगों के साथ आप सौदेबाज़ी कर रहे हैं, वे यह नहीं जानते हैं कि क्या आपने किसी दूसरे से बात की है, जिसे उन्होंने बेहतर सौदा दिया है।

आप यह भी पूछ सकते हैं, "क्या यह सबसे अच्छा है जो आप कर सकते हैं, अगर मैं आज ही निर्णय ले लूँ?" यह तात्कालिकता का तत्व जोड़ देता है और वेंडर के मन में बिक्री गँवाने का डर जगा देता है।

कई बार आप यह प्रश्न पूछ सकते हैं, "क्या आप मुझे यह बता रहे हैं कि आपने यह सामान इससे कम राशि में किसी दूसरे को कभी नहीं बेचा? किसी ने इससे कम भाव में इसे कभी नहीं ख़रीदा है?" जब भी आप इस तरह का सीधा प्रश्न पूछते हैं, तो लोग हमेशा आपको सच्चाई बताने के लिए मजबूर महसूस करेंगे कि क्या उन्होंने कभी इससे कम भाव पर बेचा है।

इसे सेल में ख़रीदें

फ़र्नीचर, उपकरण या लॉन उपकरण जैसी चीज़ को फुटकर में ख़रीदते समय आप पूछ सकते हैं, "क्या यह सामान कभी सेल में मिलता है?"

ज़्यादातर रिटेल संगठन हर साल निश्चित सामानों की ख़ास सेल लगाते हैं। जब वे आपको बताएँ कि यह सामान आमतौर पर वसंत में सेल में मिलता है, तो आप कह सकते हैं, "देखिए, मैं पिछली बार सेल में नहीं जा पाया था, लेकिन मैं आज इसे उसी भाव पर पाना चाहूँगा।"

अगर आप बेहतर भाव देने के लिए बेचने वाले को कोई अच्छा कारण बताते हैं, तो कई बार तो सिर्फ़ इसी से वे झुक जाएँगे और आपके लिए भाव घटा देंगे।

युक्ति 3 : दृढ़ कथन

किसी ख़ास सामान के लिए वे आपको जो भी भाव बताएँ, आप तुरंत जवाब दें, "मैं इसे किसी दूसरी जगह से ज़्यादा सस्ते में ले सकता हूँ।"

जब भी आप सेल्सपीपुल को बताते हैं कि आप वह सामान उनके किसी प्रतिस्पर्धी से ज़्यादा सस्ते में ले सकते हैं, तो वे तुरंत नरम पड़ जाते हैं और भाव कम करने लगते हैं। "मैं इसे किसी दूसरी जगह से ज़्यादा सस्ते में ले सकता हूँ," यह दृढ़ कथन अक्सर भाव के प्रतिरोध को मिटा देता है, क्योंकि बेचने वाला अब सोचता है कि आप कहीं और चले जाएँगे।

याद रखें, इस तरह की सौदेबाज़ी में भी हमेशा मित्रतापूर्ण और हँसमुख रहें। जब आप सुखद तरीक़े से पूछते हैं, तो आपके गंभीर या आक्रामक अंदाज़ में रहने के बजाय इससे सामने वाला आपकी बात ज़्यादा आसानी से मान लेता है।

युक्ति 4 : आधी क़ीमत की पेशकश

जब कोई आपसे 100 डॉलर माँगे, तो आप अपने जवाब में उसे आधी क़ीमत बताते हैं और कहते हैं, "मैं आपको इसी समय 50 डॉलर नक़द देने को तैयार हूँ।"

जब भी आप तुरंत नक़द पैसे देने की पेशकश करते हैं, तो सामने वाले पक्ष का भाव प्रतिरोध नाटकीय रूप से कम हो जाता है। कई कारणों से नक़द ख़रीदी की वजह से लोग आपके साथ व्यवसाय करना ज़्यादा पसंद करते हैं। तीन सबसे स्पष्ट कारण हैं (1) इनवेंट्री की कम लागत, (2) क्रेडिट कार्ड मर्चेन्ट की कोई फ़ीस नहीं, और (3) "तुरंत संतुष्टि" की भावना।

एक और उदाहरण देखते हैं। आइए मान लेते हैं कि आपने 100 डॉलर के सामान के लिए 50 डॉलर का प्रस्ताव दिया और बेचने वाला 60 डॉलर की पेशकश के साथ लौटा। अक्सर आप पाएँगे कि अगर आप भाव को मूर्खतापूर्ण हद तक कम कर देते हैं, तब भी बेचने वाला आपको पहले बताए भाव से काफ़ी कम में बेचने को तैयार हो जाएगा।

युक्ति 5 : अतिरिक्त चीज़ें जोड़ दें

आप मूल सामान में *ऐड-ऑन* या अतिरिक्त चीज़ जोड़ने का आग्रह करते हैं। आप इस तरह की बात कहते हैं, "ठीक है, अगर आप मुफ़्त डिलिवरी देते हैं, तो मैं इस भाव पर तैयार हूँ।"

अगर सामने वाला पक्ष सौदे में अतिरिक्त चीज़ें जोड़ने के बारे में हिचके, तो आप सुखद अंदाज़ में कह सकते हैं, "अगर आप मुफ़्त डिलिवरी नहीं देंगे, तो मैं सौदा नहीं करूँगा।"

यहाँ इस तकनीक का इस्तेमाल करने की कुंजी बताई जा रही है। मुख्य सामान को ख़रीदने पर सहमत हों। भाव और शर्तों पर सहमत हों। ऐसा नज़र आने दें, मानो सौदा पूरा हो गया है। बेचने वाला सोचता है कि उसने वह सामान एक ऐसे भाव पर बेच दिया है, जिसे पाकर वह ख़ुश है। तब आप अतिरिक्त सामान जोड़ने का आग्रह करते हैं। यह तकनीक हमेशा काम करती है, भले ही आप जो 'सामान' ख़रीद रहे हैं, वह मकान, कार या नाव हो।

मकान ख़रीदने से मिले सबक़

आप अभी-अभी एक निश्चित भाव पर मकान ख़रीदने को सहमत हुए हैं। जब आप ख़रीदारी के भाव और क़ब्ज़े की तारीख़ के बारे में सहमत हो जाते हैं, तो किसी चीज़ पर दस्तख़त करने से पहले आप आग्रह करते हैं कि बेचने वाला उसी भाव में आपको फ़र्नीचर, पर्दे और लॉन उपकरण भी दे। यह काफ़ी आश्चर्यजनक है कि कितने सारे लोग पूरे सुसज्जित घर को उतने ही भाव पर बेच देंगे, जितना वे ख़ाली मकान के लिए माँग रहे थे।

रियल एस्टेट बाज़ार में नाटकीय गिरावट को देखते हुए मेरे एक मित्र ने एक मकान ख़रीदा, जो 2.4 मिलियन डॉलर में बिकाऊ था। छह महीने की सौदेबाज़ी के बाद बुज़ुर्ग पति-पत्नी आख़िरकार 1 मिलियन डॉलर के भाव पर तैयार हो गए, क्योंकि वे घर से छुटकारा पाना चाहते थे और रख-रखाव की लागतों से स्वतंत्र होना चाहते थे, फिर मेरे मित्र ने कहा, जो उत्कृष्ट सौदेबाज़ है, "ज़ाहिर है, इस भाव में सारा फ़र्नीचर तो शामिल है ना, जिसमें चित्रकारी का काम शामिल है, है ना?"

मामला यह था कि घर बहुत अच्छी तरह सुसज्जित था और अंदर 1 लाख डॉलर से ज़्यादा का चित्रकारी का काम हुआ था, लेकिन चूँकि वे मकान बेचने के लिए उत्सुक थे और उन्हें यह अहसास भी था कि उनके पास फ़र्नीचर रखने के लिए कोई जगह नहीं है, इसलिए वे बोले, "बेड़ा गर्क हो!" उन्होंने उसे हर वह चीज़ दे दी, जो उसने माँगी, हालाँकि वे अपनी पहली माँगी क़ीमत से बहुत कम में मकान बेच रहे थे।

19

उठकर चलने का तरीक़ा

यह सौदेबाज़ी के सबसे शक्तिशाली औज़ारों में से एक है। सच तो यह है कि आपको कभी गंभीर सौदेबाज़ी तब तक करनी ही नहीं चाहिए, जब तक आप इस बात के लिए तैयार ना हों कि अगर आप सौदे में अपने सबसे महत्त्वपूर्ण लक्ष्य हासिल नहीं कर पाते हैं, तो आप सौदेबाज़ी छोड़कर चल देंगे।

इससे पहले हमने विकल्प तैयार करने (अध्याय बारह) और दूसरे उपलब्ध विकल्पों का पता लगाने के महत्त्व पर बात की थी। जिन लोगों से सौदेबाज़ी हो रही है, उनकी असली इच्छाओं, आवश्यकताओं और समस्याओं का पता लगाने के लिए शोध करना महत्त्वपूर्ण है। सौदेबाज़ी करते वक़्त आपके पास सारी ज़रूरी जानकारी होनी चाहिए, ताकि अगर आप भाव या शर्तों से संतुष्ट ना हों, तो आप उठकर दूर जा सकें।

विकल्प तैयार करने के विपरीत बात यह है कि जब आप सौदेबाज़ी में जाते हैं, तो आपके पास कोई विकल्प ही नहीं होता है और आप चुपचाप सामने वाले से सहमत हो जाते हैं। जब आपके पास विकल्प नहीं होते हैं, तो आप कुछ चुन भी नहीं सकते हैं। जब आप चुन नहीं

सकते हैं, तो आपके पास कोई स्वतंत्रता ही नहीं होती है। और किसी सौदेबाज़ी में आपके पास जितनी ज़्यादा स्वतंत्रता होती है, आपको उतना ही बेहतर सौदा मिलता है।

हर सौदेबाज़ी को छोड़कर जाने के लिए तैयार रहें

सौदेबाज़ी में मैं ऐसी स्थिति में आने की हरसंभव कोशिश करता हूँ, जहाँ मैं किसी भी समय सौदेबाज़ी छोड़कर दूर जा सकूँ। इससे मुझे मोलभाव की ज़बर्दस्त शक्ति मिल जाती है। इससे लगभग हमेशा बेहतर सौदा मिल जाता है, जो मुझे तब नहीं मिलता, अगर मैंने विकल्प तैयार नहीं किए होते और मैं 'ट्रिगर दबाने' के लिए तैयार नहीं होता।

ख़रीदते समय जब आप न्यूनतम संभव भाव पाना चाहते हैं और बेचते समय जब आप अधिकतम संभव भाव पाना चाहते हैं, तो उठकर दूर जाने के तरीक़े का इस्तेमाल करें। सौदेबाज़ी में मैं अक्सर कहता हूँ, "एक बार में मुझे अपना सर्वश्रेष्ठ भाव बताएँ, और मैं हाँ या नहीं कह दूँगा। मैं बता दूँगा कि मैं इसे ख़रीद रहा हूँ या नहीं।"

लाभ लें

इस तरह के कथन से दूसरे लोग अक्सर कमज़ोर पड़ जाते हैं। वे बहुत अलग भाव से शुरू करना चाहते थे। अब उन्हें बहुत शुरुआत में ही यह पता चल जाता है कि अतार्किक क़ीमत माँगने की वजह से मैं उठकर चलने को तैयार हूँ।

अगर मैं ख़रीद रहा हूँ, तो मैं बेचने वाले से कहूँगा, "आप मुझे बता दें कि आपके उठकर जाने वाला भाव क्या है।" दूसरे शब्दों में, आप मुझे बता दें कि किस भाव से कम में आप नहीं बेचेंगे। आप मुझे अपना अंतिम भाव बता देते हैं और अगर वह मुझे जँचता है, तो हम उस पर बातचीत कर सकते हैं, लेकिन अगर यह मुझे नहीं जँचता है, तो मैं उठकर चला जाऊँगा और हम इस बारे में भूल जाएँगे।

अक्सर, यह नीति आपको तुरंत ऐसे भाव पर ले आती है, जो उससे बहुत कम होता है, जो दूसरा पक्ष शुरुआत में आपको बताने वाला था।

बाल की खाल ना निकालें

ख़ासतौर पर जब मैं जल्दबाज़ी में होता हूँ, तो मैं बाल की खाल निकालना पसंद नहीं करता हूँ। मैं उठ कर जाने वाले भाव को पसंद करता हूँ। छोड़कर दूर जाने वाली तकनीक से मैंने मकान, कारें, उपकरण और कई दूसरी चीज़ें ख़रीदी हैं। जब मैं कोई चीज़ बेच रहा होता हूँ, तो मैं लगभग हर बातचीत की शुरुआत में यह कहता हूँ, "यह वह न्यूनतम राशि है, जिसे मैं स्वीकार करूँगा। अगर यह राशि आपको नहीं जमती है, तो मैं समझता हूँ।"

कई बार लोग पूछते हैं, "क्या हो अगर आप सचमुच वह प्रॉडक्ट या सेवा ख़रीदना चाहते हों, लेकिन आप ख़ुद को यह कहकर फँसा लेते हैं कि आप सौदेबाज़ी छोड़कर चले जाएँगे?"

आसान है। याद रखें कि उठकर चले जाना भी सौदेबाज़ी का एक तरीक़ा है। आप उठकर कमरे के बाहर जा सकते हैं या स्टोर के बाहर जा सकते हैं और फिर पलटकर दोबारा आ सकते हैं, लेकिन नियम यह है कि आपको सर्वश्रेष्ठ भाव का तब तक कभी पता नहीं चलता है, जब तक कि आप उठकर चले जाने की धमकी नहीं देते हैं।

कार ख़रीदने से मिले सबक़

जब मैं अपनी पत्नी के लिए एक नई कार ख़रीदना चाहता था, तो हम उस डीलर के पास गए, जो मेरी पत्नी की मनचाही कार बेचता था। मेरी पत्नी और मेरे साथ दो मित्र भी गए थे, जो कार ख़रीदने-बेचने के बारे में काफ़ी ज्ञान रखते थे।

जो कार मेरी पत्नी के लिए बिलकुल सही थी, उसे देखने और कार चलाने के बाद हम सौदेबाज़ी करने बैठे। मैंने सबसे पहले ये शब्द कहे, "मैं कई साल तक कार व्यवसाय में काम कर चुका हूँ। मैं सटीकता से जानता हूँ कि इन कारों पर कितना मार्जिन होता है और व्यवसाय में बने रहने के लिए आपको हर कार पर कितना मुनाफ़ा कमाना चाहिए। कृपया मुझे इस कार का सबसे अच्छा भाव बता दें और मैं आपको बता दूँगा कि यह मुझे मंज़ूर है या नहीं। क्या यह ठीक है?"

सेल्सवुमन मुस्कराई और बोली कि यह उसे मंज़ूर है, फिर उसने मुझे उस कार का भाव 30,000 डॉलर बताया। मैं जानता था कि इसे 25,000 डॉलर में बेचने पर भी डीलर मुनाफ़ा कमा सकता था।

मैंने कहा, "धन्यवाद। मैं यह करता हूँ कि मैं आपको इस कार के लिए इसी समय 25,000 डॉलर नक़द दे देता हूँ, जिसमें सभी चीज़ें शामिल हैं, टैक्स भी और इसे तैयार करना भी।"

जब उसने इस बात पर ज़ोर दिया कि वह 30,000 डॉलर से कम नहीं कर सकती, तो मेरी पत्नी, हमारे दोनों मित्र और मैं उठकर पार्किंग की तरफ़ चल दिए। सेल्सवुमन हमारे पीछे दौड़ी और बोली कि उसे अपने मैनेजर से बात करनी होगी। उन दोनों में थोड़ा विचार-विमर्श हुआ, जिसके बाद सेल्सवुमन लौटकर आई

और उसने 'बिलकुल सर्वश्रेष्ठ' भाव 28,995 डॉलर बताया। एक बार फिर हम बाहर चल दिए।

हम इस तरह तीन-चार बार गए और लौटे। सेल्सवुमन आती थी और ज़ोर देती थी कि यह वह न्यूनतम भाव है, जो वह हमें दे सकती है और हम उठकर चल देते थे। उसके सेल्स मैनेजर और बाक़ी सभी शामिल लोगों के साथ आख़िरकार वह 25,000 डॉलर में कार बेचने के लिए तैयार हो गई।

याद रखें, आप कभी नहीं जानते कि सर्वश्रेष्ठ भाव क्या है, जब तक कि आप उठकर वहाँ से चल नहीं देते। आपमें तो बस बार-बार ऐसा करने की हिम्मत होनी चाहिए, जब तक कि यह आपकी सौदेबाज़ी की योग्यताओं का सामान्य और स्वाभाविक हिस्सा ना बन जाए।

20

सौदे कभी अंतिम नहीं होते

सौदेबाज़ी को हमेशा अनवरत प्रक्रिया मानना चाहिए। कोई सौदा कभी अंतिम नहीं होता। अगर आपको नई जानकारी मिलती है, जिससे स्थिति पर आपका दृष्टिकोण बदल जाए, तो लौटकर जाएँ और सौदेबाज़ी को दोबारा खोल दें।

हमने पहले 'चीनी अनुबंध' के बारे में बात की थी। यदि आप किसी ऐसे दूसरे पक्ष के साथ सौदेबाज़ी कर रहे हैं, जिसके साथ आप आगे आने वाले वर्षों में बार-बार सौदेबाज़ी करने का इरादा रखते हैं, तो सामने वाले पक्ष की ख़ुशी की आपको काफ़ी परवाह होनी चाहिए। सामने वाले पक्ष को आमंत्रित करें कि अगर स्थिति बदलती है, जिसकी वजह से वह किए गए अनुबंध से ख़ुश नहीं रहता है, तो वह आपको बता दे।

सौदेबाज़ी के बाद जब आप किसी अनुबंध पर हस्ताक्षर कर दें, तो उसके बाद जाल में फँसने जैसा महसूस ना करें। आप हमेशा लौटकर लोगों से शर्तें बदलने को कह सकते हैं। ज़्यादा से ज़्यादा वे इनकार कर सकते हैं। बहरहाल, ज़्यादातर मामलों में जब दीर्घकालीन सौदेबाज़ी होती है, तो समझदार व्यवसायी स्थिति में हुए परिवर्तनों के मद्देनज़र आपको ख़ुश करने का तरीक़ा खोजेंगे।

बदले में कुछ देने की पेशकश करें

जब आप अनुबंध पर दोबारा सौदेबाज़ी करने का आग्रह करते हैं, तो यह सुनिश्चित करें कि आपके पास देने के लिए कुछ है। कोई भी आपके साथ किसी अनुबंध पर दोबारा गंभीरता से सौदेबाज़ी नहीं करेगा, जब तक कि यह स्पष्ट ना हो जाए कि इससे उन्हें किसी तरह का लाभ होगा। यह सोचना आपकी ज़िम्मेदारी है कि आप सामने वाले पक्ष को क्या दे सकते हैं। इसके बाद ही आप सामने वाले से किसी ऐसी शर्त पर रियायत देने की माँग करें, जिसकी वजह से अंततः उसे आर्थिक हानि होगी।

उस लाभ के बारे में सोचें, जो आप सामने वाले पक्ष को प्रोत्साहन के रूप में दे सकते हैं, ताकि वह सौदेबाज़ी को दोबारा खोलकर शर्तों को बदल दे। उन सभी चीज़ों की सूची बनाएँ, जो आप दे सकते हैं। इन लाभों के आधार पर सामने वाले पक्ष को दोबारा सौदेबाज़ी करने का आग्रह करें।

अपने बैंक के पास जाएँ

अपने बिज़नेस करियर की शुरुआत में मैं वित्तीय मुश्किलों में फँस गया था। अर्थव्यवस्था अचानक चरमरा गई थी, जिससे मेरा व्यवसाय 50 प्रतिशत से भी ज़्यादा कम हो गया। मेरे ऊपर एक बैंक लोन चढ़ा था, लेकिन अब मैं उसकी मासिक क़िस्त नहीं चुका सकता था। मैं क्या कर सकता था?

मैंने बैंकिंग उद्योग के एक छोटे रहस्य का पता लगाया। अगर कोई लोन ख़राब हो जाता है, यानी ग्राहक क़िस्त नहीं चुका पाता है, तो बैंक मैनेजर या लोन ऑफ़िसर अपने वरिष्ठ अधिकारियों के सामने मुश्किल में फँस जाते हैं, लेकिन अगर आप हर महीने ब्याज चुकाते रहते हैं, तो आपका लोन ख़राब नहीं कहलाता है, बल्कि *चालू* रहता है। जब तक बैंक को अपने दिए मूलधन पर ब्याज मिलता रहे, तब तक वह लोन बैंक के बहीख़ातों में सही समझा जाता है और कोई भी मुश्किल में नहीं पड़ता है।

मैं अपने बैंक मैनेजर बॉब मरे के पास गया और उन्हें बताया कि मैं अब मासिक मूलधन का भुगतान नहीं कर सकता, लेकिन मैं ब्याज का भुगतान कर सकता हूँ और लोन को चालू रखूँगा, अगर वे कुछ महीनों तक मुझे थोड़ी ढील दे दें, जब तक कि मेरा व्यवसाय सुधर नहीं जाता।

मुझे हैरानी हुई, जब वे तुरंत तैयार हो गए। उन्होंने मेरे सामने लोन की राशियों को दोबारा लिखा, लोन पर मासिक ब्याज की राशि निकाली और मुझसे पूछा कि क्या मैं हर महीने इतनी क़िस्त दे सकता हूँ।

मैंने उन्हें आश्वस्त किया कि मैं दे सकता हूँ। उन्होंने मुझे बहुत धन्यवाद दिया, मुझसे हाथ मिलाया और हमारा संबंध बगैर किसी अवरोध के आगे भी चलता रहा।

अपने ऋणदाताओं से बात करें

एक और मौक़े पर मेरी कंपनी गंभीर मुश्किल में फँस गई और मैं अपने बिल नहीं चुका सकता था। छपाई, किराये, बिजली-पानी, शिपिंग, रिकॉर्डिंग और क़ानूनी व अन्य व्यावसायिक सेवाओं के लिए मुझे हज़ारों डॉलर चुकाने थे। यह काफ़ी अप्रिय स्थिति थी।

इसलिए फ़ोन कॉलों और कलेक्शन एजेंटों से बचने के बजाय मैंने अपने सभी ऋणदाताओं की सूची बनाई और उनमें से हर एक से व्यक्तिगत बातचीत की। मैंने उन सभी को एक ही कहानी बताई।

मैंने कहा, "इस आर्थिक मंदी में मेरा व्यवसाय गंभीर मुश्किल में है, लेकिन सुरंग के अंत में रोशनी है। मैं देख सकता हूँ कि तीन से छह महीने के भीतर मेरे व्यवसाय की हालत बहुत सुधर जाएगी और तब मैं ब्याज सहित आपकी पाई-पाई चुका दूँगा। बहरहाल, अगर आप मुझे फ़ोन करते रहेंगे और भुगतान पर ज़ोर देते रहेंगे, तो मैं बस अपनी कंपनी बंद कर दूँगा तथा इसे दिवालिया घोषित करके चल दूँगा। आपको एक पाई भी नहीं मिलेगी। आप क्या करना पसंद करेंगे?"

व्यवसायी लचीले होते हैं

एक बार फिर, इसके आश्चर्यजनक परिणाम मिले। उन्होंने कहा, "अगर आप हर महीने अपने ख़ाते में थोड़े पैसे डालने का वादा कर लें, तो इससे हमें आपके ख़ाते को चालू रखने में मदद मिलेगी। इस मामले में हम आपका साथ देंगे, जब तक कि आपका व्यवसाय सुधर नहीं जाता और आप हमें पूरे पैसे नहीं चुका देते।"

तो मैंने यही किया और उन्होंने किया और हम सभी ने किया। छह महीने के भीतर मेरा व्यवसाय सुधर गया और मैंने हर पाई चुका दी, जो मैंने उधार ली थी।

अगर आप अतीत में की गई किसी सौदेबाज़ी की वजह से वर्तमान में किसी बुरी स्थिति में हों या आप इस समय किन्हीं ख़र्चों को पूरा ना कर सकते हों, तो दोबारा लौटकर शर्तें बदलने का आग्रह करने में ना हिचकिचाएँ। अगर आप वाजिब हैं और कोई वाजिब समाधान पेश करते हैं, तो आप यह देखकर हैरान रह जाएँगे कि दूसरे लोग भी वाजिब प्रतिक्रिया करेंगे।

21

सफल सौदेबाज़

सफल सौदेबाज़ की क्या निशानी है और आप कैसे पता लगा सकते हैं कि आप सफल सौदेबाज़ हैं या नहीं? अगर आप सफल सौदेबाज़ों को देखें, तो आपको उनमें कुछ समान गुण और आदतें मिलेंगी।

सबसे पहले तो वे सौदेबाज़ी को एक आजीवन प्रक्रिया मानते हैं, यह कभी ख़त्म नहीं होती। वे पूरे जीवन को विपरीत हितों के बीच समझौते और तालमेल की प्रक्रिया मानते हैं। यह हर दिन, लगभग हर क्षेत्र में लगातार चलती है। आदर्श दृष्टि से यह जीत-जीत की प्रक्रिया होती है, लेकिन यह परिणाम कई बार ना तो वांछित होता है, ना ही आवश्यक।

अच्छे सौदेबाज़ बदलती स्थिति के प्रति खुली मानसिकता रखते हैं और ढलने में कुशल होते हैं। वे कठोर स्थिति नहीं अपनाते हैं। ख़राब सौदेबाज़ दिमाग़ में एक विचार भर लेता है और उसी के लिए संघर्ष करता रहता है, भले ही स्थिति बदल गई हो।

अच्छे सौदेबाज़ लचीले होते हैं और सौदेबाज़ी में साझे लक्ष्यों को जल्दी ही पहचान लेते हैं। वे अपना दृष्टिकोण बदलने या पीछे हटने

के भी इच्छुक होते हैं, अगर नई जानकारी यह सुझाव देती है कि ऐसा करना अच्छा रहेगा।

सफल सौदेबाज़ लड़ाकू नहीं, बल्कि सहयोगी होते हैं। वे सौदेबाज़ी को युद्ध नहीं मानते हैं, ना ही ख़ुद को शत्रु की स्थिति में देखते हैं।

उत्कृष्ट सौदेबाज़ प्रतिस्पर्धी के बजाय सृजनात्मक होते हैं। सिर्फ़ जीतने की कोशिश करने के बजाय वे एक ऐसा समाधान खोजने की कोशिश करते हैं, जिससे दोनों पक्ष ख़ुश हों।

अंत में और सबसे अहम बात, वे स्वार्थी, धूर्त या चालाक नहीं होते हैं। वे चालबाज़ी या धोखे का इस्तेमाल करके सामने वाले पक्ष को जीत-हार वाली स्थिति में नहीं डालते हैं, जहाँ वे जीतें और सामने वाला हार जाए।

एक बार की सौदेबाज़ी में अच्छा सौदेबाज़ सबसे अच्छा सौदा पाने की हरसंभव कोशिश करता है, क्योंकि वह समझता है कि यह सौदा एक ही बार होगा। अनुबंध चाहे जिन शर्तों पर हो, दोनों पक्ष शायद दोबारा कभी सौदेबाज़ी नहीं करेंगे। लक्ष्य सर्वश्रेष्ठ सौदा हासिल करना है।

बहरहाल, व्यावसायिक सौदेबाज़ी में, जहाँ दोनों पक्ष शायद दोबारा सौदेबाज़ी करेंगे और मिलकर काम करेंगे, उत्कृष्ट सौदेबाज़ पहले से ही अगली सौदेबाज़ी के बारे में सोचने लगा है, हालाँकि वर्तमान सौदेबाज़ी ने अभी अंतिम रूप नहीं लिया है। उत्कृष्ट सौदेबाज़ की सोच दीर्घकालीन होनी चाहिए।

इतने वर्षों की सौदेबाज़ी में मैंने यह कभी नहीं पाया कि चतुर सौदेबाज़ किसी तरह की चालाकी के कारण श्रेष्ठ सौदे कर पाए हैं। कई पुस्तकें और कोर्स हैं, जो आपको बताते हैं कि 'भूमिकाओं को उलटने' और 'अच्छा आदमी/बुरा आदमी' जैसी युक्तियों का कैसे इस्तेमाल करें, जहाँ आप मनोवैज्ञानिक दृष्टि से लोगों को उलझाकर उनसे वादे या निर्णय

कराने की कोशिश करते हैं। ये तरीक़े असल संसार में शायद ही कभी काम आते हैं।

असल संसार में ये ईमानदार, स्पष्ट, निष्कपट, संजीदा स्त्री-पुरुष ही होते हैं, जो सौदेबाज़ी में सबसे ज़्यादा सफल होते हैं, जिनके पास एक स्पष्ट विचार होता है कि वे क्या हासिल करना चाहते हैं और एक ऐसा समझौता करने का संकल्प होता है, जो दोनों पक्षों के लिए लाभदायक हो।

आपको सौदेबाज़ के रूप में सफल होने के लिए चालाक, धूर्त या स्वार्थी बनने की ज़रूरत नहीं है। इसके बजाय आप निष्कपट, ईमानदार और पूरी तरह स्पष्ट हो सकते हैं कि आप क्या चाहते हैं और फिर दूसरे पक्ष के साथ अपनी बातचीत में इसे पाने का सर्वश्रेष्ठ तरीक़ा खोज सकते हैं।

चार अनिवार्य बातें

सौदेबाज़ी की चार अनिवार्य बातें याद रखें, जो सारी सफल सौदेबाज़ियों का आधार हैं। यदि आप इन चार कुंजियों को याद रखते हैं, तो आप उत्कृष्ट सौदेबाज़ बन जाएँगे :

1. *पहले से तथ्य हासिल करें और तैयारी करें।* शक्ति का पलड़ा हमेशा उस व्यक्ति की तरफ़ झुका होता है, जिसके पास सबसे ज़्यादा ज्ञान होता है, सबसे ज़्यादा विकल्प होते हैं, सबसे ज़्यादा जानकारी होती है और सर्वश्रेष्ठ विकल्प होते हैं। पहले से तैयारी करें और सामने वाले पक्ष की इच्छाओं, ज़रूरतों तथा स्थिति के बारे में हरसंभव चीज़ का पता लगाएँ।
2. *आप जो चाहते हैं, उसे माँगें।* सफल होने के अपने रास्ते के बारे में पूछें। कहें, "शुरुआत करने से पहले मैं आपको बताना चाहूँगा कि मैं इस सौदेबाज़ी से दरअसल क्या परिणाम चाहता

हूँ।" सौदेबाज़ी की शुरुआत में बहुत कुछ माँगने से ना घबराएँ, ख़ासतौर पर भाव और शर्तों के मामले में, क्योंकि ये हमेशा मनमाने तत्व होते हैं, जिन पर विचार-विमर्श हो सकता है और जिन्हें बदला जा सकता है।

3. *परस्पर लाभ वाले समाधान खोजें।* किसी भी दीर्घकालीन व्यावसायिक समझौते में जीतने की कोशिश ना करें या समझौता पाने के लिए स्वार्थपूर्ण चालाकी करने की कोशिश ना करें, जो सामने वाले पक्ष के लिए नुक़सानदेह हो। इसके बजाय परस्पर लाभ वाला सौदा या कोई सौदा नहीं को चुनें। याद रखें कि जीवन लंबा है और आप जो देते हैं, वही आपको मिलता है। अगर आप आज ऐसा अनुबंध कर भी लें, जो सामने वाले के लिए नुक़सानदेह है, तो यह बाद में लौटकर आपको अपने करियर में सताएगा और आपको अल्पकालीन लाभ से बहुत ज़्यादा क़ीमत चुकानी पड़ेगी।

4. *अभ्यास करें, अभ्यास करें, अभ्यास करें।* हर मौक़े और हर अनुकूल समय पर सौदेबाज़ी करें। चाहे आप कपड़े ख़रीद रहे हों, कार, उपकरण या जायदाद ख़रीद रहे हों, अपनी सौदेबाज़ी की योग्यताओं का अभ्यास करते रहें। सौदेबाज़ी की आपकी योग्यता से, जो सिर्फ़ लगातार अभ्यास से सीखी जाती है, आप हर चीज़ में 20 प्रतिशत या उससे ज़्यादा बचा सकते हैं, जो आप बाक़ी जीवन में कमाते या ख़र्च करते हैं। अच्छी सौदेबाज़ी की योग्यताएँ आपका पैसा, समय और ऊर्जा बचा सकती हैं। इससे आप बहुत ज़्यादा प्रभावी इंसान बन सकते हैं और व्यवसाय तथा जीवन में अपने करियर की सफलता में बड़ा योगदान दे सकते हैं।

अच्छे सौदेबाज़ पैदा नहीं होते हैं, वे तो सीख-सीख कर अच्छे सौदेबाज़ बनते हैं। अच्छी ख़बर यह है कि आप इस विषय का अध्ययन करके,

इस पुस्तक में सीखी बातों पर अमल करके और इन तकनीकों का बार-बार अभ्यास करके उत्कृष्ट सौदेबाज़ बनना सीख सकते हैं, जब तक कि आपको इसकी आदत ना पड़ जाए। आपके पास बहुत सारे अवसर हैं, क्योंकि सौदेबाज़ी जीवनभर चलने वाली प्रक्रिया है। यह कभी ख़त्म नहीं होती।

शुभकामनाएँ!

लेखक के बारे में

ब्रायन ट्रेसी पेशेवर वक्ता, प्रशिक्षक, सेमिनार लीडर और परामर्शदाता तथा ब्रायन ट्रेसी इंटरनेशनल के चेयरमैन हैं, जो सोलाना बीच, कैलिफ़ोर्निया स्थित एक प्रशिक्षण व परामर्शदात्री कंपनी है।

ब्रायन ने अपने ख़ुद के दम पर सफलता हासिल की। 1981 में व्याख्यानों तथा सेमिनारों के ज़रिये उन्होंने पूरे अमेरिका में वे सिद्धांत सिखाने शुरू किए, जिन्हें उन्होंने बिक्री और व्यवसाय में ईजाद किया था। उनकी पुस्तकें और ऑडियो-वीडियो प्रोग्राम, जिनकी संख्या 500 से अधिक है, आज 38 भाषाओं में उपलब्ध हैं। उनके प्रोग्राम 55 देशों में इस्तेमाल हो रहे हैं।

वे पचास से ज़्यादा पुस्तकों के बेस्टसेलिंग लेखक हैं, जिनमें *फुल एंगेजमेंट* तथा *रिइनवेंशन* शामिल हैं।